Kleurskakerings van Skarlaken

Gedigte en Woordsketse oor die Bosoorlog

Kleurskakerings van Skarlaken

Gedigte en Woordsketse
oor die Bosoorlog

deur

Dawid Hermanus Lotter

Dawid Hermanus Lotter
2014

Eerste Uitgawe – Desember 2014
Tweede Uitgawe - Januarie 2016
ISBN: 978-0-620-69259-5

Dawid Lotter
35 Porter St
Declerqville
Klerksdorp
South Africa
2571

Trade bookstores and wholesalers: Please contact Dawid Lotter
Tel: +27 797774125 or lotterdh@gmail.com

Dedication / Opgedra

Dedicated to all who participated in the Bush War.
Opgedra aab almal wat aan die Bosoorlog deelgeneem het.

Inhoudsopgawe

Gedigte

Veldslae en Gevegte

Kameraadskap

Veteranegedagtes

Moederliefde

Verklarende Aantekeninge

Woordsketse

Erkennings

Aan die Hemelse Vader wat my die Bosoorlog laat beleef het en my lewendig teruggebring het om na meer as veertig jaar die ervaringe in hierdie bundel te kan beskryf.

Aan my Moeder wat my die liefde vir lees geleer het en om die mooi in alles te kon sien.

Aan Jufrou Poppie Homan en Meneer Piet Homan, my laerskool onderwysers wat die sin vir dig in my ontdek en aangewakker het.

Aan Chris Blom en Albie van Eeden wat my ondersteun en aangemoedig het om hierdie bundel te publiseer. Sonder hulle steun sou die bundel waarskynlik nie verskyn het nie.

Aan al die ander vriende en vriendinne wat my gedigte en woord sketse oor die afgelope jare gelees en waardeer het.

Aan al die veterane wat my weereens laat besef het dat ons verhaal nie verlore mag gaan nie.

Verantwoording

Hierdie bundel, Kleurskakerings van Skarlaken, is 'n samestelling van 'n klein deeltjie van my versameling wat ek oor die afgelope 40 jaar gedig het. Die tema is die Bosoorlog en die nagevolge daarvan.

Die Bosoorlog het plaasgevind tussen die jare 1966 tot 1989. Met die uitsondering van ons wat daaraan deelgeneem het, is dit 'n betreklike onbekende konflik. Die redes hiervoor lê waarskynlik gesetel in die effektiewe sensuur wat deur die Suid-Afrikaanse regering en die opponerende magte toegepas was. Die jonger generasie weet vandag bitter min oor hierdie merkwaardige en ingewikkelde konflik. Tog is dit hierdie stryd wat hulle lewens tot vandag direk of indirek beïnvloed.

Die Bosoorlog was deel van een van die grootste ideologiese Koue Oorlog konflikte, en naby ineengeweef met die gewapende bevrydingstryd van Angola, Suid-Wes-Afrika en Suid-Afrika. Ongeveer 600 000 Suid Afrikaanse soldate het deelgeneem aan die konflik oor 'n tydperk van 23 jaar. Die deelname getalle aan die opponerende kant was veel meer. Die diep uitwerking van die stryd op die huidige oud SAW (Suid Afrikaanse Weermag) veterane is vandag sigbaarder as ooit.

Die naam - Kleurskakerings van Skarlaken - is simbolies van hierdie gevoelens. Nie almal was op die gevegsfront nie, nie almal het die werklike trauma in dieselfde graad van heftigheid beleef nie. Dit was 'n bloedige stryd, en skarlaken is die kleur van bloed. Nie almal sien dieselfde skakerings nie.

Met hierdie bundel poog ek om die volle spektrum van die lewe in die SAW in dig en woordskets formaat weer te gee. Ek dig en skryf vanuit my eie blootstelling en verwysingsraamwerk vanaf 1975 tot die hede. Dit vervat die wroeginge, die vreugdes, die hartseer, die opwinding, die verlange en vele ander emosies wat so deel was van soldaatwees.

In hierdie bundel poog ek om gebeure weer te gee soos oor hoe ek dit ervaar het, en soms nog steeds ervaar. Sou die leser dan die meer erotiese gedeeltes raakloop, onthou dat dit geskryf was oor jong manne in die fleur van hulle lewens, vasgevang in onvervulde behoeftes en drange. Ek het ook gepoog om die gevoelens van soldaatwees, ongeag van die vyand se kant of ons eie kant af, in perspektief te probeer stel. Soldaatwees is universeel.

Die temas van die gedigte en woordsketse is wyd uiteenlopend en weerspieël nie noodwendig my eie sienings nie. Ek is 'n kadet van die lewe wat net soveel, indien nie meer nie, deur ander se oë leer as deur my eie.

Inleiding

Poësie oor oorlog is waarskynlik so oud soos die geskiedenis van oorlogvoering self. Die doel van oorlogspoësie is om gebeurtenisse van die verlede te af te baken deur die insluiting van elemente van kunstige samestelling en poëtiese voordrag. Die verskynsel van oorlog wys nie net die vyandelikheid tussen mense uit nie, maar is 'n vertoning van die karakter van gemeenskappe en volke. Terwyl dit van 'n historikus verwag word om feite akkuraat weer te gee, is dit die taak van die oorlogsdigter om deur woordkuns en nuanses, gebeure wyer as net die feite weer te gee. Sulke gedigte spreek van sintuiglike waarneming waarin emosies 'n baie belangrike rol speel.

SUICIDE IN THE TRENCHES

I knew a simple soldier boy
Who grinned at life in empty joy,
Slept soundly through the lonesome dark,
And whistled early with the lark.

In winter trenches, cowed and glum,
With crumps and lice and lack of rum,
He put a bullet through his brain.
No one spoke of him again.

You smug-faced crowds with kindling eye
Who cheer when soldier lads march by,
Sneak home and pray you'll never know
The hell where youth and laughter go.

Siegfried Sassoon: Written during his First World War military service and published in his 1918 collection: Counter-Attack and Other Poems.

Veldslae en Gevegte

Savannah Veterane

Byna veertig jaar gelede
In operasie Savannah ingestuur
Vir meeste – vêr in die verlede
Ook vir my waar ek terug tuur

Ons was dapper bereid
Swak toegerus vir die stryd
Sonder herkenbare uniform
Was van ons verwag om in te storm

Blindelings van dag tot dag
Sonder die wete wat op ons wag
Piepklein petjie op my kop
En weinig wat die koeëls kon stop

Onbekend - as huursoldaat
Met geen mandaat
Ingewillig sonder verset
Sonder om na die fynskrif op te let

Ek het die brief geteken
Ingewillig sonder besef
Van wat dit als beteken
Die politici van blaam onthef

My identiteit as mens - soldaat
Het skielik nie meer saak gemaak
'n Pion in die oorlogspel
Op 'n skaakbord vasgeknel

Op baie fronte veel beleef
In geloof dit als oorleef
En daarna gestreef
Om met weinig min

Nogtans te oorwin

Dit was die begin van oorlog
Die Angola avontuur
Wat nog veertien jaar sou duur
Van hier na Quito nog 'n lange tog

Ons was eerste daar
En die einde wrang beleef
En nou na veertig jaar
Word ons opoffering omgeef
Met miskenning van ons deel
In die bosoorlog se geheel

Ek -
Savannah Veteraan -
Na veertig jaar
Wil ek trots
Verklaar
Ek
Was deel
Van die groot
Geheel

Gehelp om die pad te baan
Van daar af verder aan
Het ander die pad gevolg
Tot die einde van die Bosoorlog.

Die Sendingstasie by Sá Da Bandeira

Bekentenis

Na veertig jaar
Van stof vergaar
Wil ek vanjaar
Aan myself verklaar
Ook aan my makker verklaar

Daardie dag kan ek nie vergeet
Maar ek kan vergeef
Omdat ek vandag besef
Niemand is van blaam onthef
Ons was almal bang onseker
Gedeel het ons dieselfde beker

Ek wil hierdie verhaal vertel
Ek moet daarvan vertel
Dit uitkry – verban uit my gestel

Vir veertig jaar onthou geweet
Wat ek wou vergeet
Die altaar en die leed
Van oorlog en keuses
Van menswees en keuses

Die Weet

Die grens na Angola oorgesteek
Onseker oor waar die vyand wag
Aangemars van dag tot dag
Met vyand wyd en syd versteek

Al bron van inligting
Was die plaaslike bevolking

Ook hul vasgevang in onsekerheid
Wie lieg en wie praat die waarheid

Steun jy een en jy is verkeerd
Sal die ander hul op jou kom wreek
In oorlog ongenaakbaar vasgevang
Waar almal eintlik net na vrede verlang

Die Leed

Inligting van 'n bron het vyand berig
In die ruie bosse en plantasie
Van Sá da Bandeira se sendingstasie
Daarheen is ons groep gerig

Met 'n Portugese kaptein wat ons vergesel
Het ons in formasie die kerk genader
Ons het die priester en nonne in die kerk vergader
Vereis dat hy ons van die vyand als vertel

Die priester nederig in sy ampsgewaad
Het opreg betraand enige kennis ontken
Tot leuenaar gedoem deur die kaptein se stem
Wat hom heftig en kras beskuldig van verraad

Die inligting sou hy uit hom kry
Vasbeslote besluit dat die priester weet
Of hom te ontmoedig om te vergeet
Daarna die nonne by die kerk uitgelei

Teen 'n buitemuur die nonne opgestel
Soos om hul tereg te stel
Hulle sou moes boet vir die priester se steun
Aan die vyand - sy ontkenning en sy leuen

Waar die priester voor die altaar staan
Was met krasse ondervraging voortgegaan
Ek het geglo die priester was onskuldig
En na veertig jaar is dit soos ek dit huldig

Met elke ontkenning - buite nog 'n non geskiet
Alles in my wese het in opstand gekom
En uit gestorm waar ek bly - verstom
Gesien het - geen dood - net skote in die lug geskiet

Die priester het geglo - met elke knal
Dat nog 'n non sterf buite teen die muur
Todat hy dit nie meer kon verduur
Voor die altaar op sy knieë geval

Ek het terug gestorm en met afgryse gesien
Vuiste en geweerkolf – dit het hy nie verdien!
Met woede sterker as 'n bliksemstraal
Het ek my makker van die priester afgehaal

Ander makkers moes ons stop
Ek moes myself bedwing
Om met kaal hande om sy strot
Elke greintjie lewe uit hom uit te wring

Die Vergeef

Kort daarna het ons vertrek
Met wrang smake baie sterk
Daaroor nooit weer een enkel gesprek

Nou eers waar ek terugstaar
Oor veertig jaar
Het het ek in my siel daaroor bedaar.

7

Reserwe

Rou materiaal
Uit die nasie se arsenaal
Ystererts met potensiaal
Om staal daaruit te haal

Hitte en staal gaan saam
In Alpha se verhaal
Net onder 'n jaar
Was hul met Bloemfontein klaar

Na Middelburg verplaas
Daarna na die front gehaas
Deur Ondangwa na Etale
Ongiva en Evale

Mupa en net voor Cuvelai
Na oos en toe na wes geswaai
En so vir weke - dae en baie ure
Cuvelai beleer soos Jericho se mure

En toe op Oujaarsdag
Het hul opgevorm vir die slag
Met massa vuur het FAPLA ons ingewag
Op die regte plek ons aanslag afgewag

In elke opsig was ons oordonder
Dat ons kon onttrek was net 'n wonder
Ons sou 'n tweede keer probeer
Om die vyand 'n dure les te leer

Maar deur vrees verteer
Het die burgermag omgekeer

Ons alleen gelaat teen 'n oormag
So moes ons onttrek in onmag
Vir drie dae in spanning gewag
Op die Cahama versterkingsmag

Vanaf suidoos die derde middag
Aangeval en oorwinning verwag
Maar ons terug gedryf teen laaste lig
In nagdonker sou ons weinig verrig

Die vierde oggend, onder 'n wolkebank
Sou my bybly, dekades lank
'n Verbete geveg aan beide kant
Geluister na heen en weer berigte op radio klank

Van menige rondtes heen en weer
Dood en verwoesting elke keer
Met elke knal
'n Kameraad wat val

Deur die mynveld ongeskonde
Net gesien ander se wonde
Verby 'n tenk nog rokend
'n Ratel nog kokend

'n Gat aan beide kant
Die reuk van verskroeide vlees
Die reuk van vrees
Ingebrand na jare in my gees

Uitgewaaier aan die ander kant
Voortgeveg tot aan die rivier se kant
In die gitswart nag
Na oorlewing gesmag tot die volgende dag

Die vyfde dag bestek geneem
Massas buit in besit geneem
En geweet die lewe was ons geleen
Teen 'n oormag ons iedereen

Op die terugtog 'n brug gebou
In die geloof dat die brug sou hou
Die brug het ons nie gefaal
Oorgesteek en die grens gehaal

Op Oshivello - vreugde vure
Tot in die vroeë oggend ure

Waar ek in die vlamme staar
Kan ek aan myself verklaar
Met vrees onthou ek daardie jaar
Brommers op lyke vergaar
Grafstene in 'n verlate kerkhof
Met woorde op met baie lof
Wat ook vergaan
Met jare wat verbygaan
En dan is ons almal stof
Soos die gebeurtenis verdof

Aan my Askari makkers my verhaal
Julle was makkers van staal
Want met julle saam
Het ek geleer verstaan

Hoe vrees ruik
Vanuit 'n Ratel luik

Hoe vrees voel
In die pad van 'n koeël

Hoe vrees smaak
Met die dood as sy taak

Hoe vrees klink
As die slag jou verblind

Hoe vrees lyk
As jy jouself bekyk

Mens net mens
Niks om weg te wens

Erkenning aan die mens
Gedruk verby sy grens.

Die Ruggraat van Delta

Onherroeplik Verbind tot Oorlog

Meer as drie eeue voor hierdie dag
Kon konflik - kenmerkend van Afrika balans
Ook voorsien - hierdie dag - hierdie Slag

'n Volk in nood om sy eie te verskans
Soos deur die geskiedenis menigkeer bewys
Al wat ons vra is 'n regverdige kans

Aan hierdie land is ons vasgesweis
Menigmaal wit of swart teengestaan
En onself as mede eienaars bewys

Ook hierdie keer sou ons teen die vyand opstaan
As deel van ons plig en trots teenoor ons land
Om elke bedreiging en Kubaan te verslaan

Want aan hierdie land is ons wese verpand
Verlede hede en toekoms soos die jaar verjaar
Tot aan die voleinding aan die ander kant

In hierdie geskiedkundige waterskeidingsjaar
Die einde van die begin van die Angola avontuur
Daarna was die einde in sig – na nog vyf jaar

Skimme uit die verlede wat verby skuur
Siklies - vraend - Waars die einde en waar die begin?
Of 'n herhaling as ons in die toekoms tuur?

Oproep tot Oorlog

In hierdie jaar van onse Heer
Negentien honderd drie en tagtig

Aangetree vir die soveelste keer

Om 'n nuwe aanslag te bemagtig
Het soldate uit alle oorde gerapporteer
Die volk se oorlewing te bekragtig

Sommige vrywillig - ander geforseer
Van vele kampusse vrywillig aangemeld
Om soos vantevore die vyand te keer

Veral dienspligtiges sou hulle hier laat geld
Hul het vertrek vanaf Debrug se vlakte
Om invalle en moorde in Ovambo te vergeld

Gevlieg na Omuthiya en Oshivello se kampe
Om toe te rus vir die komende stryd
Edel en dapper stam genote en gesante

En toe op die bepaalde en bestemde tyd
Het X Ray na Cahama en Delta na Cuvelai gehaas
Om die aanslag te stuit en die front te verwyd

Wesfront Veggroep X Ray

Hulself na Xangongo en Quiteve verplaas
En uit Quiteve die vyand verjaag
Wat die einddoel sou verhaas

Van Mulondo word X Ray terug gejaag
Waar ons lugmag - Fapla tenks terugwaarts stuur
Hul terug verjaag soos hul heldemoed vervaag

Kanonvuur op Cahama in die more uur
Ons aanslag gloed wat die horison verlig
Onttrek ons toe hulle terug begin te vuur

Ons eerstes sneuwel in heldeplig
Drie makkers in 'n Buffel neergevel
Met 'n raak mortier sekuur gerig.

Ons val aan uit Chibemba se rigting snel
Ingegaan, hul ontstig, toe teruggeval
Ons kon daarna van vele tenks vertel

Op Kersdag poog ons weer en nog 'n maal
Tot Oujaarsdag - stuk na stuk - aanmekaar
En elke keer het ons teen dié bastion gefaal

Cahama wou hom nie laat afskrik
Onder internasionale druk
Sou ons vir tweede prys moes skik

Oosfront Veggroep Delta

Van Santa Clara na Mupa deur beweeg
Wyd uitgesprei en onder verdeel om te mislei
En vir weke rondom Cuvelai rond geveeg

Meestal net vol riviere en modder vermy
Met Elande te lig en kanontrekkers te swaar.
En weinig kontak gemaak of suksesse verkry

Om vas te val was ons grootste gevaar
Met onsekerheid en frustrasies van onmag
Menigkeer net ons die gesukkel gelate aanvaar

Op Oujaarsdag was ons eerste aanslag
Onplanmatig - verdoem tot nederlaag
Wanordelik het ons teruggeval daardie dag
Met moraal en moed op breekpunt – laag
Het lewens onnodig en sonder doel verskiet
En snel het die gestelde doelwit begin vervaag
Met groot verdriet gedink dis als verniet

14

Met 'n deel van ons mag wat voortgaan weier
Onder 'n donker wolk – almal tot die uiterste morbied

Die Ruggraat van Delta

Daar was uitroep na 'n nuwe leier
Om verlore eer uit die modder op te hef
Aan te voer 'n klein mag sterk en suiwer

Dié leier het die nood verstaan en het besef
-Veteraan was hy - hart van 'n tier en kort postuur
Die reuse taak om ons tot oorwinning te verhef

Sy plan gemaak en het soos 'n bestendige fort
Delta se rugraat saamgestel en hervorm
En namens ons - met krag ons heupe omgord

Van Cahama inderhaas 'n vegspan laat kom
Met dringendheid en toegerus vir dié nuwe taak
En hulle en Alpha in 'n nuwe mag gevorm

Aanval 3 Januarie 1984

Die klein mag het daardie middag laat
Sonder om die onsekere vrees te vermeld
Opgevorm en die afmarslyn verlaat

Toe vasgevang geraak in 'n diep mynveld
Vasgepen onder tenk en swaar kanonvuur
Op geen rapport of kaart was die veld gemeld

In die vroegaand se donker uur soos 'n muur
'n Ratel - brandend - buite herstel verloor
Die tekens gelees en terugtrek onder wolke guur

Aanval 4 Jan 1984

Weer inbeweeg met die oggend se oostergloor
Nogmaals het FAPLA die slagveld oordonder
Ons het reeds vroegdag lewens begin verloor

Vuur van alle soorte en swaar wapens in besonder
Gerig teen ons Ratels vanuit die ondergroei grotesk
Waar klein geweervuur gerig ons infanterie uitsonder

In die skaars beboomde mynveld staan 'n Ratel afgeëts
Sy laaste plek – 'n rooiwarm bal gesmelte metaal
Hom soos 'n gedagte - vernietig met 'n helder flets

Die offisier – het sy manne nie gefaal
In 'n oogwink van jonkmansfleur
Die oorlewendes een vir een te voet gaan haal

Uitmekaar geruk en oopgeskeur
Die oorlogstenk het ook die dure prys betaal
Terwyl die FAPLA flanke snel disintegreer

Alpha het opgevorm en opgevolg in hierdie tyd
Vir ligvoet trap was die tyd verbreek
Maar op te vorm soos 'n kolos van staal

En manmoedig deur die mynveld in linie deur te steek
En soos in 'n wonderwerk bly lewe
Tussendeur myne sonder tal – diep versteek

Uitgewaaier na stellings inmekaar gewewe
Nie een enkel merk van sug
Na die dorp Cuvelai deur gestrewe

Die vyand het in massa ontvlug
Deurgebreek na die rivier
Dit was laat – reeds laaste lig

Daar het veel gebeur tot hier
Die opruiming het ons hul mag laat sien
En in dankbaarheid het ons oorlewing gevier

Propter superbiam - Non glorieris
Terwille van Trots – Nie die Eer

Dertig jaar later

Die heldeprys het ons vanjaar reeds dertig keer verdien
Waar ons dan waarookal vergader
- onthou - ons was oorskadu - een tot tien

Laat ons hulle dan nou vereer
Hulle opofferings nie negeer
Of hulle nagedagtenis onteer
Deur ontkenning van hul seer

Doen – dit sal hulle weer
Vir die plig – nie die eer!

Staalwande

Staalwande om my heen
Beskerm vlees en been
Waar die ek - alleen
Teen Ratel wande steun
En vrede aan my verleen
Kortstondig - net geleen

Om die benoudheid en vrees
Op jou gesig te lees
Deel ek met jou my gees
'n Fraksie van my menswees
Sodat jy dit kan lees
My angs en my vrees

Reik ek my hand aan jou
In Ratelwande toegevou
Die dood is nou
Veels te gou
Toe die donker om ons vou
My hand as troos vir jou

Twee hande saamgesweis
Sonder liggaam as bewys
Net deel van die ongevalle lys
Onder die sitplek uitgewys
Verskrompelde bewys
Twee hande saamgesweis

Metamorfose

Die donkergroen bosse
Eerste strale van oggendlig
Geen sig van die kolosse
Net loopgrawe - aaragtig

Die bosse vaalgroen
Die oggend son fel
Het dit verbloem
Voorsmake van die hel

Die bosse gifgroen
Die ware kleur
Kolosse onverbloem
Wat alles uitmekaaruit skeur

Bosse pikswart teen die swarter lug
Die prys van volvoerde plig
Al wat oorbly was die vlug
En verliese bereken teen laaste lig

Ontnugtering

Grootword

Uit die verre agterhoeke van die noorde
Uit die lendene van Kaukasië is jy verwek
Jou genepoel van geslagte lê wyd gestrek
Jou heldedade word besing uit vele oorde

Jou vader het jou vertel van Kursk se velde
Jy kom uit 'n geslag van krygers te vermelde
Menige slagveld oral spreek van jou krag
En jou groot verskriklike vernietigings mag

Ambisie

Jou dade sou jy ook met jou nageslag wou deel
Die koue oorlog het front diens van jou gesteel
Om jou roem te soek en te bevestig - het jy migreer
As 'n smagting na die voortsetting van jou eer

Verskyning

Jy het in die verre uithoeke van die suide verskyn
Jou lendene omgord vir die stryd in 'n donker domein
Jou Ratel opponent gesien – gekyk, en wou skaterlag
Sonder om te kon voorsien of begryp wat op jou wag

Waarskuwing

Het hulle jou nie vertel
Gedagte uit die hel
Dat die gees in die sel
Sterker is as die dikte van die vel
En meer sê van die spel
Wat die geskiedenis sou versnel?

Is jy dan oningelig
Van wat verder strek as plig
Van veg sonder sug
Of dink jy dit is alles 'n klug
Of 'n illusie van vernuf?
Die feite mag jou ontstig

3 Oktober 1987 Lomba

Het jy maar gebly by die Kaspiese see
Waar jy hoort by jou soort
Want aanmekaar gee jy hier mee
Jy nader nou jou laaste poort

Terwyl jy so borrelend rook
'n Gedagte wat bly spook
'n Hartseer storie van nood
Jou vernedering baie groot

Jy was die seun van die dageraad in die noorde
Die môrester met wysie op die regte akkoorde
Maar hier is jy teen die aarde neergeslaan
Deur 'n kleiner opponent met weinig faam

Nabetragting

Jy het jou finale rusplek toé self gebou
Sodat ons wat na jou staar mag onthou
'n Monument vir gevalle helde
En die duur vrug van vergelde

JESAJA 14:12
Hoe het jy uit die hemel geval, o môrester, seun van die
dageraad! Hoe lê jy teen die aarde neergeslaan, oorweldiger
van die nasies!

Oorlogsdagboek

'n Groot rivier
'n Lyn van wes na oos
'n Skerp visier
'n Dagboek blaai geel en voos

'n Vloedvlakte
'n Smartklagte
'n Loopgraaf vol lyke
'n Dooie gesig sonder verwyte
'n Ratelband met bloed gevlek
'n Makker se laaste gesprek
'n Boskol baie ruig
'n Brandende Ratel wat getuig
'n Les oor oorlog
'n Drie maande lange tog
'n Donker nag met bloed
'n Lang dag se vure gloed
'n Bom wat ontplof
'n Masker van stof

'n Einde van die tog
'n Lyn van noord na suid
'n Gevoel van self bedrog
'n Traan wat nie wil uit

So sou ek van oorlog leer
Opvolg klasse vir nog 'n keer of meer
Dit het 'n droefheid in my siel gelaat
Wat aanmekaar wil uitspraak maak

Van myself
Vir myself
'n Vreemdeling gemaak

Kon ek maar
My dagboek
Uitmekaaruit maak
En daardie deel
Vervang

Maar ek is ingebind
En vasgevang

In Ratel wande
Van staal

In Vlees wande
Onbekwaam

In dagboek blaaie
Geel en voos

Sonder terugkeer
- my straf en troos

Tydelike Basis

'n Donker maan - 'n donker landskap
Skadu's wat beweeg - 'n donker boodskap
In my uitgesette skootsvak
Van links na regs - tak tot tak

Sien ek uit my skuilplek
Vanwaar ek tuur
Oor my visier
Op my maag uitgestrek

Veraf donderweer - die wind wat ritsel
Nader geluide wat my ore spits
Net om te erken daar was weer niks
Net 'n verbeel versinsel

Gekneusde mopanie - die reuk van modder
Iets ander in die lug - die reuk van sweet
Ontspan - dit is jou eie reuk
Of is dit? bly ek wonder

Die smaak van stof - 'n droë tong
'n Grashalm - fyn gekou
Met my keel vernou
Probeer ek die dors vermom

'n Gevoel - skielik net daar
Verby die ruik en sien
Verby die wonder of miskien
Het ek hulle nabyheid ervaar

'n Pootjiefakkel - 'n claymore myn
Oorverdowend - oorbelig
Het iets sterk my van die grond gelig
En alle gevoel of weet het verdwyn

Om te lewe - vir 'n volgende dag
In die Puma - dankbaar
'n Diepe vrede ervaar
Voorlopig vry van die eindelose nag

Senterpunt van Staal

'n Eskadron Ratels in twaalftal
Het met waagmoed die vyand aangeval
Van die groter mag was hul die speerpunt
Onder 'n hemelkoepel in grysblou tint

Drie troepe van vier Ratels elk
Sou hul op die slagveld goed laat geld
In linie die eerste tenks gewaar
In die kanonne se lope vasgestaar

Hul eerste salvo's akkuraat
Teen opponente van formaat
'n Jong kryger op die middelpunt
Homself onderskei en uitgeblink

Sonder skroom of huiwer keer op keer
Het sy troep met ywer voortgebeur
Aan die gordyn van vuur hul min gesteur
Die vyand se senter uitmekaar geskeur

Verwarring op die eskadron se linkerflank
Noodkrete vanaf die regterkant
Net die senterpunt wat ferm staan
Bemoedig hy hul om voort te gaan

Ammunisie rakke byna leeg
Moes die mag 'n effe terugbeweeg
Aangevul en opgevorm
Op koers gekom en ingestorm

Die regterflank wat die dure prys betaal
Die linkerflank wat huiwer en faal
Maar die senterpunt soos staal
Het hy sy makker uit gaan haal

Die vyand was gestuit
'n Opvolgmag het uitgebuit
Die oorwinning was finaal
Bevestig deur die middelpunt van staal

Ek Sien my Gat

In 'n gat in die sand is waar ek skuil
Vir niks sal ek dit nou verruil
Soos mortiere om my reën
En ek die skokke voel - een vir een

Waar gaan die volgende bom beland
Links of regs of binnekant
In my gat sit ek en sweet
Wyl ek die dood in treë afmeet

Dan skuif die vuur tot ver verby
Die dood het my weereens vermy
Vir maande lank sien ek my gat
My siel en wese moeg en afgemat

Van gat tot gat tel ek die dae
Nog nege dae van baie vrae
Todat die flossie my kom haal
En ek van oorlog af kan saal

Net Dit

Die skerwe van 'n projektiel
Witwarm - woerend
Middelpuntvlietend – soekend
Wat vlees en gees verniel

Dit het my vandag ontwyk
- Net dit
Iets om aan vas te gryp

Die knal van 'n landmyn
Verborge - versonke
Kordiet reuk - warrelende klonte
Met groot venyn

Dit het my vandag ontwyk
- Net dit
Iets om aan vas te gryp

Die harde tungsten staal
Simetries - doelgerig
Sneller as 'n seinberig
Met 'n dodelike verhaal

Dit het my vandag ontwyk
- Net dit
Iets om aan vas te gryp

Uit die lug - die yster arend
Ongenaakbaar - onvoorspelbaar
Wat onheil en verderf verklaar
Sy angel - onrusbarend

Dit het my vandag ontwyk
- Net dit
Iets om aan vas te gryp

Die hinderlaag langs die laan
Doodsakker - gebind
Te ontvang in eie munt
Ons – teikens soos op 'n skietbaan

Dit het my vandag ontwyk
- Net dit
Iets om aan vas te gryp

Hoeveel kanse het ek nog
Op hierdie aardse tog
Voordat die dit
Buite begrip
My sal meesleur
Uitmekaaruit skeur

Dit het my vandag ontwyk
- Net dit
Iets om aan vas te gryp

Om daaraan vas te klou
Al is dit net vir nou

Oorlog Steriel

Na water smag my mond
My speeksel taai soos gom
My keel vol stof en grond
Salpeter wat my gesig verblom

Na water smag my vel
Om deur te dring tot elke sel
So die reuk van dood wat my omring
Met helder water uit te wring

Na water smag my siel
Verstard - verniel
Wyl ek oor wurms stap
Ongevoelig en verhard

So sien ek net wat ek wil sien
In oorlogslus is ek steriel
Ontken ek hoe dit my verniel
Ontkenning pas by my profiel

Soms sien ek ver verby my drog profiel
Verby die verstardheid van my siel
Dan weet ek dat ek dors as leed ervaar
Sonder dat ek dit aan myself verklaar

Eie Kruisverhoor

Gebeure op horisonne ver agter my
Dit bly my altyd ongenaakbaar by
Lank terug reeds aan myself verklaar
Om dit op 'n rak te sit wat stof vergaar
Maar soms - onverwags - menigkeer
Herrinneringe wat my ontneem van selfverweer

Dan neem ek my eie verdediging waar
Dan versamel ek en ek bewyse teen mekaar
My argumente suiwer en korrek
Die ander ek se argumente wat verder strek
So probeer ek en ek tot 'n slotsom kom
Oor 'n hofbeslissing met akkurate som

So kom ons dan tot vergelyk
Dat die een ek aan als sal skuldig pleit
Ter versagting sal ons dan saam
Suiwer ons betoog beraam
Opgeskort - my vonnis keer op keer
Aan ek - die paroolbeampte sal ek moet rapporteer

Maar elke keer as ek dit doen
Dan voel ek weinig met myself versoen
Van blaam is ek lank reeds terug onthef
Gedoen uit diepe pligsbesef
Maar elke keer is ek vasgevang in kruisvehoor
En elke keer is dit ek wat ver verloor

Kameraadskap

Aangeraak

Weke lank onder gevaar
Ons bemanning - bymekaar
Leer ons mekaar se vrese ken
Saam probeer om dit te tem

Met elke nuwe dag
Probeer ons dit versag
Tot ons na die bosse staar
En weer die vrees ervaar

Die eerste keer
Het dit gebeur
Die dood sien kom
Verlore en stom
Was ons onaangeraak
En saam die vrese baasgeraak

Aan mekaar het ons hou vas
Gedeel het ons mekaar se las
Teen mekaar het ons geleun
Op mekaar het ons gesteun
Een van ons wat sneuwel
Saam ervaar verlies en wrewel

Daarna met die bande ferm
Sou ons mekaar beskerm
'n Hegte broederskap kontrak
In 'n oorlog ongenaakbaar strak

Kort daarna vanuit die lug
Die bom wat ons nie sou ontvlug
Met die krater in die sand
Die Ratel aan die brand

My kop wat rus hier op jou skoot
My vriend en my vennoot
Sonder woorde – net begrip
Soms 'n sug wat sag uitglip
Met my kop hier op jou skoot
Kan ek voortgaan en weer hoop

Afsluiting

Ek wou jou sien
- ek moes jou sien
Met my hand
- jou aanraak
Dit is nie waar nie!
- jy is nie dood nie!

Gisteraand nog jou gesig gesien
Saam het ons as radiowag gedien
Jou mond geplooi in huiwer lag
Het die moeë lyne om jou oë versag

Net sagte haartjies op jou bolip
Het jou jeugdigheid verklik
Baardstoppels ontkant gevang
Teen die gladheid van jou wang

Die bunker se flou verdonkeringslig
Het jou gesigprofiel geheimsinnig verlig
Jou wenkbroue 'n harde kors van stof
Tot waar dit in skaduwees verdof

Kort duskant 'n jaar - jy my wapengenoot
Ons het geheime gedeel en mekaar vertrou
En as die groot vrees my keel vernou
Het jy my vrese besweer as bondgenoot

Jou liggaam verseël in 'n lyksak
En ek bevrees om dit oop te zip
Vir jou doodsmasker strak
Wat my eie vrese gaan verklik

Is ek vir jou bevrees?
Is ek vir die dood bevrees?

Of was die twee vrese een gewees?
'n Blik van duskant die vlees
Tot anderkant die grense van die gees?

Met bewende hand die rits afgetrek
Verby jou ken tot net onder jou nek
Verby die gaping waar jou gesig ontbreek
Jou stukkende skedel bymekaar gehou
Met 'n bomverband bebloed en grou
Oorkruis met groot doekspelde vasgesteek

Selfs nou is jou glimlag deel van jou
Soos ek dit leer ken het en onthou
Met die rugkant van my hand
Streel ek oor die grou verband
Toe eers kon ek aan myself erken
Jy is dood – my hand onder jou ken
In jou nek geen pols van lewe
Net die kille dood wat jou omgewe

Toe ek vir oulaas aan jou raak
In my keel smart se wrange smaak
Uit jou lyf 'n rilling deur my hand
Of was dit 'n drang van my verstand?

Ek het omgedraai en weg geloop
Van gevoel verwyderd en gestroop
Teen die stam van 'n Mopanie boom
Het droefheid my wese snel oorstroom
Elke senupunt onbeskryflik seer
Soos 'n oop wond - rou en teer

Met my verdriet in die nagwind koel
Jou hand lig op my skouer gevoel
Dus was als net 'n nare droom?
Verwagtend omgekyk na die boom
Na waar een vars Mopanie blaar

Neerdaal op my skouer - en toe nog 'n paar

Soos in 'n droom
Was jy voelbaar daar
Skielike vrede het ek
In my gemoed ervaar
En 'n diepe mate van
Berusting ondervind
Toe was jy weg -
Vir altyd -
In 'n oogwink.

Brokkels van Valhalla

Kameraad - Kan ek jou optel?
As jy sou val
Ek sal
Sonder vraag
Jou onderskraag

Net vir nou!
Net vir jou!

Kameraad. Kan ek jou dra?
As jou moed sou kwyn
En jy voel klein
Geen huiwering ookal
Jy kan daarop reken – ek sal

Net vir nou!
Net vir jou!

Kameraad. Kan ek jou abba?
Jou bene lam
Jou arms tam
Jy moet net sê
As jy dit so wil hê

Net vir nou!
Net vir jou!

Kameraad. Kan ek jou lei?
As niks jou meer verbly
Wyl jy in 'n sloot afgly
Ek is daar
Totdat jou gemoed bedaar

Net vir nou!
Net vir jou!

Kameraad - Kan ek jou volg?
Oor steil hellings
En stroomversnellings
Jou voet te druk
Met my skouer as kruk

Net vir nou!
Net vir jou!

Kameraad - Kan ek langs jou stap?
As jy sou huiwer
Bevrees vir groter ywer
Dan sal ek jou hand vat
Jou ophelp - trap vir trap

Net vir nou!
Net vir jou!

Kameraad - Kan ek teen jou leun?
Sou jou balans versteur
Soos jy teen die storms beur
Ek was al vele kere daar
Ek sal my aan jou kant skaar

Net vir nou!
Net vir jou!

Kameraad - Kan ek langs jou sit?
As die lewe donker lyk
En moed jou ontwyk
Skep ek vir jou 'n nuwe visie
Ver verwyderd van illusie

Net vir nou!
Net vir jou!

Kameraad - Kan ek langs jou lê?
As jou wonde bloei
En jou siel verskroei
Sal ek jou bemoedig
Verby die droewig

Net vir nou!
Net vir jou!

Kameraad - Kan ek na jou uitreik?
Jou gedagtes grou
Wanhopig binne jou
Dan kan ek my lamp
Ook vir jou laat brand

Net vir nou!
Net vir jou!

Kameraad - Kan ek na jou oorstroom?
Jou reserwes laag
Die wande van jou wese vaag
Met diffusie kan ek gee
Die slegte hou - die goeie deurgee

Net vir nou!
Net vir jou!

Kameraad - Kan ek jou absorbeer?
As angs jou wil verteer
En jy voel jy kan nie meer
Sal ek namens jou
Ook jou angs trotseer

Net vir nou!
Net vir jou!

Kameraad - Kan ek deurdring na jou DNA?
Jy wanhopig desperaat
In jou siel hoogs onparaat
My eie DNA se bloudruk
Daarmee kan ons albei deurdruk

Net vir nou!
Net vir jou!

Kameraad - Kan ek een wees met jou?
As die bom verskerf
En jy dan sterf
Sal ons saam verskiet
Soos 'n meteoriet
Met massa wat verdwyn
Die spoed van lig wat dit laat kwyn

Ons - diskrete pakkette van energie
Herenig in helde sinergie
In Valhalla se poort
Vandaar dan voort
Versamel ons vir nuwe stryd
Verbind tot 'n toekoms tyd

Net vir nou!
E=mc square
Net vir jou!

Luenge Rivier

Laat ek jou help om jou rug te was
Waar jou hand nie ver genoeg kan tas
In die Luenge vol modder en as
Om jou te help is vir my geen las

Aanvullend tot mekaar
'n Broederskap verklaar
Saam die dood aanstaar
Heg bymekaar geskaar

Soos die vuil en sweet verdwyn
In sagte bondels wit-bruin skuim
Laat dit ook die vrese kwyn
Wat op die horison verskyn

Net mense ons van vlees en been
Wat behoudend op mekaar wil steun

Nabyheid aan mekaar verleen
Weens hoop en vrese in gemeen

"By die riviere
Van Babel,
Daar
Het ons gesit,
Ook geween
As ons aan Sion dink."
Psalm 137:1

Die Diepe Band

Vanaf Bloemfontein het ek julle bestel
As voog het ek jul een vir een getel
Bestelling met goedkeuring aanvaar
Saam sou ons stap deur doodsgevaar

Uit Grootfontein het ek julle gaan haal
Julle te skool en te slyp in die verhaal
Aan vrees het julle jul toe min gesteur
Ook dié onskuld sou jul snel verbeur

Op Omuthiya het ek julle wese verpand
Aan 'n groter doel as net die Vaderland
Soos Dawid en Jonathan 'n band gesmee
Verbondsgenote wat stap die eerste tree

Op Bloubaan het ons mekaar geslyp
'n Strydbyl in die skroef vasgeknyp
Daarna eers het ons mekaar vertrou
Om mekaar se hande sterk te hou

Op Ombalantu het ons mekaar geweeg
En besef die verbond was ver van leeg
Elk soos vingers aan dieselfde hand
Saamstaan - veg - met hand en tand

By die Lomba - in die smeltkroes
Verseker dié band 'n roemryke oes
En ons bou die gevegte steen vir steen
En onderskraag mekaar - iedereen

By die Mianei soos broers - sy aan sy
Manmoedig die dood vermy en vrees bestry
Geleidelik die besef - die einde van die begin
Ons het oorwin al was ons veels te min

By Vimpulo - in die toppunt van ons band
Hegte bande getemper in 'n harde land
Al was ons menigmaal in angs benoud
Ons was daar vir mekaar – ons behoud

Op Mavinga moeg en sonder woord
Met nuwe begrip uitgestaar na noord
Die Flossie styf gepak met ledemate
Gedagtes barstens vol tot uit sy nate

Na Grootfontein het ek julle aangestuur
Die band vervaag soos ek agterna tuur
Soos ek na die vingers van my hand staar
Geen ontbreek of gekneus - almal daar

Julle is weg - skelm 'n stuk van my gevat
Laat my agter met die dog en die dag
En die leegheid en die onmag
Waar ek na julle nabyheid smag

Want 'n deel van my siel
Het ek aan julle verpag!

Ek is benoud
om jou ontwil,
my broer
Jónatan!

Jy was vir my baie lieflik;
jou liefde
was vir my
wonderliker
as die liefde van vroue.
- 2 Samuel 1:26

48

Landmyn Kraters

'n Landmyn wat ontplof
Die slag was ver en dof
Toe ons die kruispad bereik
Kort duskant Ebo suid

Twee Elande het vorentoe beweeg
En vir myne oor die pad geveeg
Net 'n makker langs die pad gevind
Met intense trane wat sy oë verblind

Snikkend het hy ons gerig
Na waar sy offisier binne sig
Lê in 'n mynveld vasgevang
Sonder voet - bloeiend en bang

Ek - met Merthiolate en verbande
'n Soeksteek stok en kaal hande
Deur die mynveld sonder versuim
Omseilend - kruipend - duim vir duim
Langs 'n stewel sonder sool
Met sy hand uitreikend
En sy oë pleitend
Het hy gevra vir my pistool

Sy hand het ek ferm weggedruk
In die gapende wonde stuk vir stuk
Die sproeiende are afgebind
Die res met bomverbande toegebind

Twee ure moes ons wag
Hom onderskraag met al my krag
Dat sy hoop hom nie moet faal
Voor die Puma hom kom haal
Twee allenige mense

Vasgevang in eng grense
Van hoop en wanhoop
Saam in een emosie vasgeknoop

Saam het ons gewroeg deur die pyn
Saam geworstel deur die venyn
Oor oorlog en die doel
Heftig – met 'n wrang gevoel

En later verstard gewonder
Oor niks meer in besonder
Vanaf suid - twee ure later
Het die Puma ons genader

Hande en toue wat red
Alles in 'n warrelwind omskep
En my agtergelaat met 'n kilte
En die voelbare stilte

Vandaar is ek oneindig tam
Van boomstam tot boomstam
Elke tree versigtig - sag -
Terug na waar die Elande wag

Ek het later teen sononder
My van die groep afgesonder

Ek wou ween
Stoksielalleen
Maar ek kon nie!

Ek wou uitskree
Met elke tree
Maar ek kon nie!

Afgestomp

Ontlont

Het die snik in my menswees
Deel geword van my gees?

Ek kan net
vermeld.
Myself
sien ek nie
as held.
Daardie dag
in die mynveld
was ek
ongeskonde
van vlees
Met landmyn kraters
op my gees.

Masjiengeweer Kamerade

Toe ek en jy
Sy aan sy
Na 'n flank
Aan die linkerkant
Teen die boom neerplof
En die eerste mortier ontplof
Wat my slinger in die stof
Toe jy my optrek aan my kraag
Het jy so my vrees verjaag

En ons masjiengeweer
Weer en weer
Die ingang na die kloof
Van die vyand beroof
En met ons vuur
Die vyand sekuur
Gestuur
Na ons makkers se vuur

Terrorris en sy maat
Sou nooit weer hieroor praat
Net twee liggame wat bloei
En ons geweerloop warm gloei

In ons bivvie laataand
Het ek gedag jy slaap!
Toe jy speels my stewels wegraap
En net sê - dankie maat!

My Held se Naam is Ratel

As spermsel
Is sy koms voorspel
Bevrug uit nood
Duskant Ebo Noord

Uit die genepoel
Van 'n land wat woel
Gebore uit drang
Na 'n held wat kan

Op Elandsfontein gebrei
Sy kleuter nukke uit te kry
En sy bloudruk te verfyn
Vir nageslagte van sy lyn

En met sukses bekroon
Van diens hom nie verskoon
Die stang gevat na noord
Gepantser soos dit hoort

Sy opponente swaar
Meer gedug – dis waar
Maar met groter vernuf
Hul lewens wrang ontwrig

Enkele inskrywings in sy triplog boek
Waar hy Reindeer en Sceptic besoek
Waar Protea en Askari hom besweer
En hier in Modular hom finaal moes eer

Ons twee jaar saam was nie gering
Daarom wil ek 'n pryslied aan jou sing
Op Mavinga - ons laaste nag saam
Voor ek jou verlaat om terug te gaan

Jy was uitnemend dapper
'n Ware heer en makker
Jou borskas voor my sterk en ferm
Teen die donker bos my te beskerm
Jou wande dun maar sterk
Het my altyd veilig ingeperk
Die hoë vensters van jou gesig
Het my toegelaat om ons te rig
Die wapens aan jou kake flink
Het jy diep in die vyand ingesink
Met jou beenspiere en heupe kragtig
Elke shona of loopgraaf gou bemagtig

Hier waar ek nou die laaste keer luister
Na skimme wat binne jou siel fluister
Waar die reuk van ratpack koffie ingeweef
Aan jou dapper siel se wande kleef
Wil ek jou verlaas - opreg - intens vereer
Vir die kalmte wat ek van jou kon leer
My swakhede het jy nooit veroordeel
My nooit bejeen met vooroordeel
Net gedoen wat ons van mekaar verwag
Terwyl ons altwee na oorlewing smag

Ek moet alleen verder op my lewenspad
Dit is vanaand wat ons pad vertak
Terwyl jy ook dié een wat na my kom
Met jou diepe menswees sal verstom
Jou doel, dié sal jy nie versaak
En saam sal julle voortveg vir die saak
Ek sal jou altyd onthou
Tot die dood my omvou
My Ratel - my makker - my pel
My Ratel - my held – vaarwel

My Laaste Troep

Onlosmaaklik deel van my - dit was jy
Toe ek jou
Die eerste keer aanskou

Jy het my wang huiwerig gelek
Toe troos gevind hier teen my nek
Na my met jou bruin oë gestaar
En my vir wat ek was aanvaar

Vir 'n dekade - jy - my vennoot
Anders as mense, my nooit verstoot
Met jou nat tong teen my wang
My hartseer trane opgevang

My makker – genoot!
My makker – vennoot!
Vir tien jaar
Altyd daar

Toe jy van my wegbeur
Het jy my geleer
Die noodsaak van die seer
Dat ek jou liefde nie verbeur
Al is jy weg
Jaar na jaar
Wyl jou oë in myne staar
Besef ek jy was reg

'n Myl om saam te loop.
'n Myl om afskeid te neem
Die lewensverloop
Van pyn vervreem – ineen

Ode aan die Gemeganiseerde Infanterie Seksie

Ek - 'n seksieleier – 'n korporaal
In hierdie Ratel waarop ek vertrou
En al tien my manne my vertrou
Sou ons mekaar nie faal

Diep spore het ons getrap
Oor Ovamboland se sand
Menige dae en lang aande
Vanaf Omuthiya tot Eenhana

En daarna by elke veldslag
Deur die dag en deur die nag
Mavinga tot Vimpulo - aanmekaar
Ons elf bymekaar geskaar

Mekaar verstaan – mekaar gesteun
Soos eie broers op mekaar geleun
Saam het ons mekaar vergesel
Tot by die poorte van die hel

Drywer

Vasgevang in sy klein kompartement
Sy vrese besweer met heftige temperament
Sy woedebui het snel bedaar - daarna
Soos hy nederig om verskoning vra

Kanonnier

Hy was klein gebou en skraal
Maar met senuwees van staal
Sonder huiwer die rondtes ingepomp
In die tenk se harde romp

Geweergroep

Vier makkers saamgesweis
Dit is my span se ystervuis
Die nommer een was sterk en swaar
Wat nimmer teruggedeins vir gevaar
Die nommer twee was 'n filosoof
Diep geanker in sy geloof
Die nommer drie was sagmoedig
Met geen probleem wat hom ontmoedig
Die nommer vier met sy persoonlikheid
Blymoedig het hy alles na 'n avontuur laat lyk

Ligte Masjiengeweergroep

My tweede in bevel - vol vuur - die meester
Oor die ontplooiïng van my masjiengeweer
Die nommer een en twee
Kon eindeloos in spronge aaneen
Op ons flanke vuur verleen
Ons ondersteun tree vir tree
Vuursteun gegee
Met die masjiengeweer en baie bande
Gedra met net hulle drie se hande

Lugafweer Kanonnier

So fynkam hy die bosse langs die pad
Niks het sy waarneming kon ontsnap

Seksieleier

Vanaf die begin
Waar pas ek dan in
In hierdie groep van elf
Ek nommer elf myself

Ons - die kleinste bousteen van die mag
'n Span het ek gebou met al my krag
Op my eie sou ek weinig kon vermag
Was dit nie vir julle krag
Daarom salueer ek julle tien
Julle het die eer verdien

Oorlogsheld

Om oorlogsheld te wees
Strek verder as die vlees
Of die gees
Of vrede maak met vrees

'n Diepe aanvaarding
'n Menslike gewaarwording
Om as dit moet
My lewe in te boet

Vir my wapenbroer het ek respek
Meelewend in elk enkel klein aspek
Myself het ek daarmee versoen
Dat hy dieselfde vir my sal doen

My broer - ek is bang soos jy
Wil ook maar net die dood vermy
Met jou lewe kosbaar in my hand
Oor die grense van logika en verstand

Ter wille van jou
Ten koste van my
Het ek jou gaan haal
Omdat ek jou nie kon faal!

Suiwer Metaal

Waar lê die diepte van jou gemoed
Oneindig dieper as wat jy vermoed
Soos dit uitborrel in vloed
Die kwaad en ook die goed
Waar jy langs my sit bebloed
Die vyand - heftig vervloek

Met wysheid buite begrip
Borrelend vanuit 'n lawa krip
Jou omgee aan my verklik
Terwyl die lewe uit my drup

Jou vriendskap is suiwer metaal
Meer intens as Krupp staal
Soos jou omgee uit jou straal
Biddend dat die dood my nie kom haal

Aan die lewe sal ek klou
Wyl ek aan jou vas kan hou
Dit doen ek vir my en jou
Om 'n nuwe dag te kan aanskou

Vlietend in Tydloosheid

In 'n oomblik kortstondig
Nog ver van mondig
Het 'n koeël in vlug
Snel deur die kilblou lug

Sy oë verdof
Stof tot stof

Vlietend in tydloosheid
Sonder troos of afskeid

Het 'n ster verskiet
Vêr in die niet
Verniet
Verskiet

Kegel van 'n Tuitmiershoop

Veilig in ons geslote laer
Gesels ons oor die dag van sopas
Op Ovambosand sag soos 'n matras
In ons slaapsakke langs mekaar

Nog 'n dag van leed gespaar
Dankbaar - knus hier saamgeskaar

Minder word ons sinne
Soos ons verstil van binne
Gedagtes aan die mymer
Betree ons slaap en sluimer

Hier en daar 'n snorkgeluid
Drome ver gerig na suid
In stilte se kombers omvou
Soos die maan se glans verflou

Tien vriende - saamgeknoop
Om saam te staan in hoop
Oor die dag van môre se verloop
Waar ons lot ineen geweef saamloop
Soos die kegel van 'n tuitmiershoop
Aan genade - almal ons - ontbloot

Saamgeknoop

Lankal het ons opgehou met dink
En volg ons net die groepsinstink
Oorlewing van die enkeling
Ingeweef in die kameradekring

Ons vat wat kom van dag tot dag
In eenheid voel en veel vermag
Daarin vestig ons die lewenshoop
Ons lot is iewers saamgeknoop

Maar elkeen weet diep binnekant
Die finale sprong na die anderkant
Die sal ons elk as enkeling betreë
Die dal van die doodskaduwee

Maar tot dan in lewe vasgevang
Leef en veg ons in samehang
Koester ons die skouer om op te leun
Kamerade in onderlinge steun

A Legend of a Special Kind

As colonial statues crumbled
A generation being humbled
Angola and the sub region
Entering a stormy season

A legend to be bred
In our own shed
A new technique
A new physique
A stallion from our stable
Became a super fable

Its home as it was planned
Was Omuthiya in Ovamboland
Where a special breed of knights
Forged ahead to great heights

A conquering hero for many years
The cause and reason for enemy fears
Among Russian, Angolan or Cuban
And perceived as super human

And when it was the end of war
Persisted with a solid core
On the flats of Northern Cape
In more peaceful mission drape

After twenty seven years disbanded
Its soul intact enchanted
A spirit that would live forever
Reminiscences of its endeavour

Listen then
All future generations
The historians
Of all nations
Let's not forget
Te Six-one story
The courage
And the glory
Never
To fade
Never
Dismayed

This ghostly brigade
With glory engraved

Golden Braid

My eyesight fade,
I do wear a hearing aid
My memories fray,
in old age shade
But vividly
I still see them on parade
Our fallen heroes
without charade
For them
war was no masquerade
Their duty
they never did evade
Cladded
in knights' armour
and brocade
In gratitude
for life's
they had trade
They would never
be betrayed
Their courage was
a noble crusade
To them
I dedicate
this serenade
Covering them
in my minds parade
With golden braid

"How are the mighty fallen,
and the weapons of war
perished!"
"2 Samuel 1:1"

66

Liefdes Verhoudings

Kleurskakerings van Skarlaken

Onskuld

Daardie jaar in standard sewe
Toe hy haar die eerste keer gewaar
Het iets diep binne hom gebewe
Haar met verwondering aangestaar

Van die skielike warmte wat ontluik
Aan die basis van sy benede buik
Was sy stellig onskuldig onbewus
Toe haar oë skamerig in syne rus

Van daardie dag af aan
Het hy hunkerend verstaan
Van grootword en manwees
Van grootword en menswees

Sy hart het na haar uitgereik
Maar maande sou verstryk
Voor hy haar skugter sou vra
Of hy na skool haar tas kon dra

Skamerig het sy eers gehuiwer
Met gevoelens ontluikend suiwer
Ook sy toebies met hom gedeel
Hom toegelaat om haar wang te streel

Elke aand van haar gedroom
Om haar gesig bakhand te omsoom
En jongvrou borsies wat druk
Teen haar groen skooljurk

Douvoordag wakker geword
En die kleefte van sy passiedroom
Onder die stort
Deeglik van hom afgestoom

In die skoolkoor
Was sy die primadonna
Op die rugbyveld
Was hy haar held

Bewuswording

Toe hy haar wou bemin
Liggaam tot liggaam wou ontgin
Was sy bereid tot weinig min

Eers angs verskrik
Toe sag begin te snik
Hom heftig weggedruk
In haar oë kon hy lees
Die smagting van die vlees
Maar ook die vrees

Met 'n soebat haar kalmeer
Haar angs sagkens besweer
Onder aanraking lig en teer

Haar trane deur sy hemp
Teen sy stywe tepel vasgedemp
'n Semen druppel wat vorm
In die nadraai van die storm
Het klandestien
Intiem
Teen sy binnedy
Afgegly
Waarskuwing

Skooljare gaan snel veby
Met hul liefde wat gedy
Maar dié onderwerp het hul vermy
Beide hy en sy

Die horison lê oop en bloot
Polsend van lewe en oneindig groot
'n Lied in vreugde akkoorde
Jonkmens wees in alle oorde

Wie dink aan oud word
As jeug jou lende omgord
Die lewe het 'n diepe geur
En niks is sonder helder kleur

Luister na die pols van die heelal
En gryp na die sterre sonder tal
Proe die smaak van lewe
Jongeling - dit is jou gegewe

Sou iemand jou vertel
Van smart en pyn en hel
Is dit net 'n oumens gril
Wat alles sien deur 'n donkerbril

Todat die donkerbril joune word
En wysheid jou lende omgord
Jou erfporsie - die sal jy kry
Jy kan dit nie voorkom of dit vermy

Dan sal jy verstaan as jy terugkyk
Die lewe soet of suur is 'n huldeblyk
Om verwonderd baie met min te vergelyk
Alleen dan sal jy verstaan
Van sin in die waan
En die waan in die sin
Van waansin

Sou jou tyd dan hier te min wees
Om die lewe met begrip te lees
Vertroos jou dan dat die tyd
En die loos in begryp
Deel is van die ewigheid
Ingeweef in tydloosheid

Diensplig

Met die oproepbrief het hul versoen
Oor sy vertrek na 'n basis duskant Bloem
En die dieper drang sterk voel roer
Die daad en sirkel te volvoer

Op niks sou hy weer aandring
En sy te skaam om op te dring
Dit wat beide wou – het nie gebeur nie
Want sy het daaroor niks gesê nie
En hy sou nie weer daarom vra nie.

Die army word 'n pols van lewe
Nuwe avontuur om na te strewe
Dan 'n plaasvervanger vir die lewe
Om als te aanvaar as plig gegewe
Dit te beleef as 'n alibi vir die lewe
In 'n illusie van voorskrif saamgewewe

Solank sy briewe stuur
Kon hy veel verduur
So het hy van pas tot pas geleef
Haar nabyheid intens beleef
Dit wat beide wou – het nie gebeur nie
Sy het daaroor niks gesê nie
En hy sou nie weer vra nie

Elke aand klokslag na agt
Sy telefoonbeurt angstig afgewag
En dan oor min en veel berig
Ligtelik geskerts oor dit en dat
En sake wat aan hul harte vat
Dan voor ligte af
Die taaiheid aan sy dye afgewas

Passie

Dit was die laaste pas - daarna die grens
Die hartstog was nie meer weg te wens
Drange soos 'n warm vonk
Snelkruipend deur 'n korte lont
So het dit spontaan gebeur
Emosies sterk van geur
Met haar liggaam dringend styf teen hom
Het haar hartstog hom verstom

Met 'n dringendheid om hulp
Haar greep onbeholpe op sy gulp
Het sy hande haar boesem ferm omskulp
Intens in ongeduld
Beide opgeraap in storm
Wat hul lewens sou omvorm

Toegang tot die skone poort
Polsend soos 'n lewenskoord
By die wagpos van haar eer
Het haar heupe skielik opgebeur
Die gordyn het oopgegaan
Met haar hande op sy naakte rug
Het sy intens en diep gesug
Hom toegelaat om voort te gaan
Hom verby die skeur laat beur
Todat dit gebeur
Die sluise van sy manheid

Het oopgegaan soos hoog gety
Kortstondig vasgevang in bangheid
Het dit omgesit in eb gety
En diep binne in gestort
Eers kort gestort
Weer gestort
Gestort

Met die storm wat bedaar
'n Tydjie langer
Inmekaar
Snakkend
Swetend
Swewend
Saamgeweef gebly
Soos hartstog van beweeg
In 'n heiligheid omgeef

Net rooi vlekkies op die laken
Kleurskakerings van skarlaken
Het uitstaan as baken
Teen die blankwit laken
Wat later sou getuig en vertel
Van die groei in die sel

Skeiding

Op die lughawe tussen die skare
Sy vingers strelend oor haar hare
Aan haar houding het iets geskort
Niksseggend het hul die tyd verkort
Met die vliegtuig net 'n stippel in die lug
Het sy omgedraai en weggevlug
Met angstrekke op haar gesig
Het 'n vriend later aan hom berig

Daagliks skryf hy vanaf die grens
Op naweke selfs twee per dag
So lê hy bloot sy diepste mens
En put hy daaruit krag
Soms heimlik vir homself gelag
Oor die tinteling in sy geslag
Terwyl hy na sy dagdroom
Die stortwater oor hom laat stroom

Haar briewe teer
Was daar keer op keer
Soms 'n paar per slag
Maar nooit verwys na daardie nag
Terwyl hy smag
Haar te sien skryf - net een slag
Iets teers oor daardie nag

Vervreemding

Geleidelik was haar briewe minder
En ook merkbaar dunner
Die groter spasies op die blad
Het iets aan hom begin verklap
'n Afkoel van gevoel?
Iets vreemds wat woel?
Was dit sy verbeelding?
Of werklike vervreemding?

Haar verwyt oor daardie nag
Dit het hy nooit verwag
Ook die opvolgbriewe van verwyt
Verklaarde gevoelens van diepe spyt
Geleidelik het hy dan ook leer verstaan
Waaroor haar verwyte gaan
'n Kind is daardie nag verwek
Om die kind te behou – sy het verseg

Hy het geglo omdat hy wou
Dat moederbande sou ontvou

Kort daarna het sy laat weet
Dat hy van alles moet vergeet
Ook 'n hofbevel
Het die skrywe vergesel

Hy het als probeer
Om haar te keer
Later onder sterk beswaar
Moes hy dit as feit aanvaar

Waansin

In verlorenheid en stomme seer
Het hy diep in homself gekeer
In 'n wêreld sonder kleur
Vasgevang in 'n bestaan sonder geur

Die ander van sy peloton
Het hulself net eers verstom
As hy met iets onsigbaar praat
Soos sy rede hom snel verlaat

Hom net eers begin vermy
Later hom uit hul gesprekke uitgesny
Daarna by die kapelaan gaan kla
Sy andersheid kon hul nie meer verdra

Uitkoms

Hy is terug gestuur en sou vertrek
Die Sondag oggend net na kerk
Na Grootfontein en verder aan
Om toetse te kon ondergaan

Snel moes hul die dag ontplooi
Om hulp te gee aan 'n konvooi
In 'n hinderlaag 'n voertuigmyn getrap
Hul was gedwing om uit te stap

In die harwar van die geveg
Uit hul midde was hy weg
En in die verte op 'n flank verskyn
Wandelend in 'n ligte luim

Hy was soekend na die dood
Toe die mortier hom tref
En so van skuldgevoel en blaam onthef
Van laste hom bevry – afgesny sy lewenskoord

Net rooi vlekkies op die siekeboeg se laken
Kleurskakerings van skarlaken
Het uitgestaan as baken
Teen die blankwit gesig op die laken

Nagduvet

Al sou ek net die oorlog kon oorlewe
Om waarvan almal praat te kan belewe
Die saak
Van "Liefde Maak"

Almal praat daarvan
Hoe om 'n lyf te vang
Altyd - orals - selfs op die skietbaan
Asof hul daarvan als verstaan

Naakte liggame verstrengel in lus
Gekoppel pelvis tot pelvis
Vir my het dit gevoel - dis net ek
Wat niks verstaan oor die gesprek

Die Scope se middelblad
Binne die Ratel vasgeplak
Almal wat wêreldwys speel
Alles om eie egos te streel
Met oorwinnings te spog
In 'n gewaande passie tog

Na 'n jaar lank in Ovamboland
Terug op Waterkloof geland
Ingeboek in die Hotel
Waarvan die ander altyd vertel

My bestelling geplaas
En na my kamer terug gehaas
Die klop aan die deur angstig afgewag
Met gedagtes aan 'n passie nag

In die deuropening haar beskou
Klere styf wat aan haar liggaam klou
Sy was jonk – soos ek
Onseker ook – soos ek

Haar soen het na Lexington gesmaak
Haar skraal liggaam ontbloot
En geen begeerte om dit aan te raak
Het ek haar toe saggies van my weggestoot

Ek was van alle drif gestroop
Om die bed het ek geloop
En oor haar naaktheid gesprei
Die hotelbed se nagduvet

In die hotelgang haar van diens onthef
Myself ook – en toe besef
Ek was verlig en bly
Want ek was bevry
Van kunsmatig opgewerkte drange
Wat ek verwar het met verlange

Duskant die vlakte van Bakersville
Is kort daarna my droom vervul
'n Diamant van 'n vrou ontvang
Net soos in Salomo se gesang

Voor die kansel gaan staan
Sonder drogbeeld en waan
Twee siele saamgeweef
In wentelbaan ineen gekleef

Daardie nag
- my eerste
Daardie nag -
haar eerste
Het vir my
die pad gebaan
Van verstaan

By die waan verby
Van uitgesprei
Onder 'n nag duvet

Simptome

Die troep se geweer was vuil
Sy stewels onder stof verskuil
Op wagdiens aan die slaap geraak
Sy stoppelbaard onaangeraak
Eergister se reuk van stof en sweet
Kon jy met 'n maatstok meet
Vir niks was hy meer lus
Sy vlam van lewe was geblus

Dreigemente en harde straf
Geminag en dit afgelag
Sy liggaam leweloos en styf
Het sy gevoel intens beskryf
'n Opgeskeurde foto in sy kas
Beskrywend van 'n dieper las
Skerwe van 'n ideaal
Het sy wese tot bodemvlak laat daal

Aanloop oorsaak en gevolg
Soos tuimelende in 'n golf
Te laat verstaan ons nou die rede
Oor sy verlede in die hede
Begrip is mosterd na die maal
Hy het begrip gevra sonder taal
Maar niemand wou verstaan
Hoe hy wegsink en vergaan

Vir elke aksie 'n rede
In sy verlede of hede
Vir ons om te verstaan
Wat in my makker se kop aangaan

'n Edel Blom op my Lapel

Jy skryf aan my
Jou ontrou te bely
Jy vra dat ek jou moet vergeef
En vra hoe ek dit sou beleef

Sou ek in jou skoene myself bevind
Met passie wat my siel verslind
Jy beweer ek sou ook struikel
Soos jy jou eie selfverweer betwyfel

Jou verweer is slegs geskoei
Op skuldgevoelens wat jou boei
Want daarna het hy jou meegedeel
Dat ons maandelank 'n tent moes deel

Jy het gevrees hy sou kom spog
Na sy terukeer van sy passietog
Dit het hy wel kom doen
Met beskrywings onverbloem

Ek was verneder en oneindig kwaad
Om hom te skiet sou weinig baat
Na Ruacana is ek verplaas
En van hier skryf ek aan jou verlaas

Ek bedank jul beide uit my hart
In liefde vir jou was ek verstard
Vir my is daar weer nuwe hoop
'n Edel blom aan my lapel te knoop

Droomwag

Môreoggend - nog 'n nuwe dag
Ek staan vannag
Die derde wag
Tot om middernag

Vanaf die suidelike wal
Staar ek na die heelal
Priem my oë die donker nag
Na waar jy op my terugkoms wag

Ek sien jou oor die shona sweef
Soos jy nader aan my beweeg
Voel jou hand streel oor my rug
Die opvolg wag gee 'n sagte kug

Middernag - my wagbeurt is verby
Waggestaan - net ek en jy
Môreaand - besoek my weer
En daarna elke keer

Hier aan my sy
Styf teenaan my
Die terroris bestry
Op wag – net ek en jy

Laaste Brief

Die brief uit Oshakati in haar hand
Sy handskrif met soentjies aan die kant
Sy wou dit lees maar wou ook nie
Sy begrafnis was gistermiddag tien voor drie

Sy wissel die brief van hand tot hand
Asof die koevert haar hande brand
Druk dit teen haar geswole buik
Wyl sy haar seuntjie se oë ontwyk

Soos hy vraend na haar staar
Onderdruk sy die skielike naar
Sy is sterk om sy ontwil
Om haar ontwil is hy ook stil

Oor sy wang 'n biggelende traan
Sy gesig vasgedruk teen haar aan
So oorbrug hy en sy die groot verstaan
Van lewe wat kom en lewe wat gaan

Weermag Lewe Algemeen

Soeke na Vrede

Uit Woodstock het hy ontvlug
Na 'n army tent op Debrug
Van hier het sy briewe berig
In skewe handskrif
Van 'n soeke na vrede
Sonder die verklaar van 'n rede

Die army tent was sy eie plek
Met die dak wat altyd lek
Of van dou of van winterkou
Daaraan het hy vasgeklou
Hy het min gepraat
En weinig geluister na raad

Toe sy tyd veby was
Het hy gesoebat soos toe hy klein was
Om 'n veilige hawe
Sy tent was vir hom 'n gawe
Die stelsel sê nee!
Iets in hom het meegegee!

Die army laken om sy nek
Presies op die regte plek
Skrale gesig - koud en blou
Twyfel - tekens van naels wat grou
Die blou gesig met vrede
Het verklaar die eintlike rede

'n Tyd om te kom,
Sonder keuse
'n Tyd om te gaan
Met keuse

91

Vasgepen

Sy Bolandse spraak
Het my bewus gemaak
Van waaraf hy kom
En sy streeks oorspròng

Diens op die vlaktes van Bloem
Daarmee het hy hom versoen
En blymoedig
Sy makkers aangemoedig

Dié deel van sy natuur
Het ander aangevuur
Om te verdra wat sou
As elk net wou

Hy was 'n korporaal
Met 'n hart van staal
Beter kon hy seker doen
Met sy eie perk het hy hom versoen

Daardie dag het begin soos al die ander
Onvermoedend sou alles daarna verander!
Die Ratel wat kantel soos blits
Met die spoed het hy hom vergis

Bene vasgepen onder 'n 18 ton masjien
Dit kon hy nooit voorsien
Eers die lam gevoel en toe die pyn
Wat fletsend deurskiet na sy brein

Sy uitgestrekte hand om hulp na my
Sy kyke smekend kon ek nie vermy
Met sy vingers wat kramp
Styf om my regterhand

In sy oë alleen kon ek dit sien
Vasberade het hy die pyn woorde gestriem
Net dringend aan my gefluister
Kaptein, kry my lewendig uit hierdie duister

Hulle moes die Ratel van hom aftrek
Sy pyn drempel tot die uiterste gestrek
My hand omklem met vrees
Kon ek in sy naakte oë lees

Het verstewig sy greep
En vlietend meer verbleek
Toe hulle die gewig
Van hom aflig

Na die teater het ek hom vergesel
Toevertrou aan mediese bevel
Met die dood wat hom ontwyk
Sou hy met 'n nuwe uitkýk

Beskou die begrip van gewig
As deel van plig
Wat 'n man altyd saamdra
Sonder om daarvoor te vra

My maatstaf oor die oorlog
Tot vandag toe nog
Het verbreed
Sy gesig sal ek nooit vergeet

'n Held in eie reg
Erkenning ongeseg
Opleiding op Debrug
is nie 'n laer vorm van plig

Vir elke man om aan te meld
Is hy verseker reeds 'n held!

Eerste Liefde

In die army sou ek leer
Om lief te wees vir my geweer
Sy was my vrou, my gade
Haar het ek geken in al my dade

Sy was altyd aan my flank
Teen wil en dank
Waar ek ookal gaan
Daar was sy saam

In my intiemste oomblik
Waar sy net stilswyend knik
So sou ons elke oomblik deel
Sonder om mekaar te verveel

Nodeloos om te sê
Ons het ook lepel gelê
Geheime gedeel
En saam gespeel

Met haar slanke kurwe
Het sy my hart vermurwe
My eerste liefde, fier
My geliefde R-vier

Ontbloot

Op die Ratel spaarwiel soos 'n lens
'n Teleskoop na die heelal
Staar ek uit na die verste grens
En my bang binnekant – veral

Die melkweg bo my uitgestrek
Met planete volmaak - onbekend
My gedagtes krom - geskend
Soos ek die vrese van binne my onttrek

En dit een vir een beskou
Van geboorte tot nou
Dit dan wegwerp na die verste planeet
Waar dit tuimel in galge leedvermaak
En terugkeer na my soos 'n magneet
My weer herinner aan elke kraak

My binneste in warboel
Wat is die groter doel?

Op die camonet
lê ek
Ontbloot -
uitgestrek
Mens alleen –
ek
Bo op
die camonet
Magteloos
teen my verset
Op die camonet
Net ek

Die Lied van die Gemeganiseerde Infanterie

In storm of sneeu of die bakkende son,
in gloeiende dae of in yskoue nag.
Vol stof is ons gesigte
tog hoog in onse gees - ja gees (2x)
Dit stu onse Ratels na voor onbevrees.

Met Ratels, soldate, 'n toonbeeld van krag.
Hou ons al die eer van die Weermag in pag.
Vir Land en Volk en Vaderland,
Is ons die Ratel Meg- ja Meg (2x)
En vir onse eer sal ons altyd bly veg.

Onmag

Liewe Vader, ek het probeer
My diepste vrese te besweer
Van oorlogmaak is ek geleer
Om soet smake van wen te vereer

Nou is ek bevrees - beangs vir oneer
Wat my menswees wil verteer
My vrese daarop sien ek ook neer
'n Vreemde gevoel om aan te leer

Hoe ontsnap ek die linie van vuur
Wyl almal sydelings na my tuur
Tot nou toe kon ek dit netnet verduur
My angsgedagte aan my finale uur

Liewe Vader vergeef my hierdie gier
Staan my by om reg te rig en sekuur
Deur my klein en U Almagtige visier
In my onmag blyk alles hier te versuur

Epiloog

O God!! waarom het U my dit toegelaat
Want goed of sleg was dit my verraad
Ek beleef met sonopkoms my eie smaad
As die lang nag kom, voel ek my eie haat

Wraakgedagtes

Jou verraad en jou daad
Dryf my verder as die kwaad
My vertroue het jy versaak
'n Vyand van my gemaak

Uit my gedagtes het ek jou verban
As 'n verraderlike slang
Jou waargeneem vir wat jy is
Jou uitbuiting en jou lis

Jou gewete die kan jy nie kalmeer
Ten koste van ander vergaar jy meer
En sou dit flop is daar ander om te blameer
Dit is die toppunt van jou eer

Ek het jou afgeskryf as slegte nuus
Sonder emosies van verlies
Niks verder oor te knies
Ter wille van my siel het ek dit so verkies

Maar soms ontvlam dit wat smeul
Vergiftig my in die geheel
Om vrede van my weg te steel
Soos ek met wraakgedagtes heul

Sou ek die gedagtes wou ontvlug
In die truspieël helder jou gesig
Dan daal ek tot jou vlak
Van haatgedagtes strak

Dan verdwaal ek siende blind
Waar ek myself bevind
In die lelik wat ek aan jou verbind
En voel hoe dit my siel verslind

Dan blus ek weer die vuur
Absorbeer ek weer die suur
Waar ek deur jou kameralense tuur
My eie wraak moeilik verduur

Dan bly dit smeulend
Venynig wederkerend
Tot jou gesig op die horison verskyn
En al my edel voornemens snel verdwyn

Placebo Effek

'n Ratpack in my Ratel bin
Vertroosting vind ek daarin
Genoeg vir elke dag
En iets vir laat die nag

As onsekerheid my bekruip
My vaskeer in 'n kuip
Kouend aan 'n energy bar
Besweer ek die gevaar

Dan voel ek weer toegerus
Soos ek in my lot berus
My ratpack word 'n ritueel
As vrees my vrede steel

'n Placebo effek
My ratpack en ek
Dan voel ek minder verlore
As 'n rukkie vantevore

'n Ratpack in my rugsak
Verder op my lewenspad
Wat kan ek meer begeer?
Hoe kan ek vra vir meer?

Kameraadskontrak

In 'n Army tent op Okalongo
Vier van ons - van mekaar - onverbonde

Vir maande aaneen
Sou elkeen
Van ons alleen
Ons eie drange
En verlange
Elk met sy eie hande
Geheimsinnig in die dag
Of diskreet in die nag
Stimuleer sy eie polsende geslag

As elk dan weet
Dat die ander weet
Wat elkeen weet

Word skaamte dan oorbodig
En wegsteek dan onnodig
Oor wat elk van ons benodig

Waar elk vanuit sy eie hoek
Na eie selfbevrediging soek
Soos elkeen sou en moet

Het ons mekaar geleer verstaan
En verwyderd van die skaam
Het elk sy eie gang gegaan

Die natuurlikheid
Van die daad
Die muskus reuk
Van saad
In 'n warm

Army tent
Bly in my geheue ingeprent
As erkenning
Van weet
Wat almal weet
Dat die ander weet
Wat ek weet

One of a Kind

A warrior of a special kind
Only 16 years of age
With a hero's mind
Beyond his youthful face

A veteran with grace
That would amaze
Many older than his age
On the war theatre stage

Fulfilled the soldiers plight
His courage in the fight
On that September night
In what he believed was right
And later knowing the fright
Embedded during that night
Dedication without fright

Decades later final recognition
And the cognition
All was not in vain
The hardship and the pain
Hesitation was never on his mind
He is a soldier – one of a kind.

Weerkaatsings van Oorlog

Bizare Spel

By die Lomba
Staan ek en uitkyk
Oor die dag se stryd
En ek wonder oor oorlog

Is dit 'n noodlot spel
Om van te vertel?
Of 'n stryd
Van haat en nyd?

Veronderstel
Dit is 'n spel
Of 'n stryd
Om aan te gryp

Waansinnig
Kranksinnig
'n Spel bizar
Raar
Voorwaar

Beide die spel en die stryd
Saam geweef in beleid
Erkenning in ontkenning
'n Vreemdsoortige vermenging

Magspel van Gevoel

Die mens tot oorlog geneig
Vasgevang in oorlog sug
Maak van ons bestaan 'n klug
Wat ons denke kras bedreig

Hartseer - selfs in die oorwinning
Ervaar ons die intense ondervinding
Verby die eensydigheids kyk
Om beide opponente met mekaar te vergelyk

Dan is die geneigdheids teorie onwaar
As gekoppel aan elemente van gevaar
Beskou ons dan die proposisie
As 'n kontradiksie in die konklusie

Dan kan ons die geneigdheid om vrede
Koppel om dieselfde rede
Waar dit oor oorlewing gaan
En vernaam ons voortbestaan

Die mens is geneig tot vrede
Oorlog dus die beweeg rede
Beide om dieselfde doel
In 'n magspel - vasgewoel

Onbegrip as 'n Begrip

Lag is 'n uiting van gevoel
Ook is dit huil se doel
Beide is spontaan
Die lag en die traan

Liefde en haat is aanverwant
Elk die muntstuk se anderkant
As die munt devalueer
Kry geen kant al die eer

Oorlog en vrede is in kompliment
Vergelykbaar in sentiment
Om die een te begryp
Moet jy weerskante met mekaar vergelyk

Lewe en dood verbind mekaar
Uit dieselfde boek vergaar
Hoofstukke - begin tot einde
'n Inhoudsopgawe met beperkte lyne

Nou wonder ek soos ek die munt bekyk
En die sin van als probeer vergelyk
Wonder ek tegelyk
Wat het ek waar misgekyk

Van verstaan
Oor my lewensbaan
Om dan te beswyk
Met onbegrip van uitkyk

In wanbegrip
As 'n begrip
Verstrik
In onbegrip

Vir Altyd

Vir altyd
Is 'n lang tyd
Oor ligjare heen
Van tyd vervreem

Kortstondig ons verstaan
Elk op sy lewensbaan
Waar ons net begryp
Dit van die nou in hierdie tyd

Die verlede is gegewe
Die nou is wat ons belewe
Die vere toekomsbaan
Die sal ons nie nou verstaan

Skimme uit die verlede
Is werklik in die hede
Om die toekoms te belewe
Is buite ons begrip van rede

Ons sweef in skimme rond
Sonder begrip
In molekules vasgestrik
In ruimtes ongegrond

Om oor eeue deel te wees
Van die mens se gees
Om die databank te deel
In argiewe reeds vergeel

Dan vermoed ek sterk
Die verlede hede en toekoms
Het geen perk
Oor die waaroms en die hoekoms

Wroeging

Rebel en Verward
Het in die patriotiese stryd
Gekyk na die smart
En die verraad van ons tyd

Verward wou die tyd vertraag!

Rebel wou die tyd verhaas!

In die hoogtyd
van die Vaderland stryd
Het Verward en Rebel
hul gedwonge tyd
In een Ratel - een vel -
saam deurgeslyt
Die een met die feit,
die ander met verwyt

Fases

Vanaf Etalé basis in Ovamboland
Sien ek die maan verander in stand
Die volmaan wat weer verskyn
En gelydelik weer verdwyn

Staar ek uit oor die silwer sand
Op die noordgrens van Ovamboland
My rug gestut teen die Ratelwiel
Ervaar ek die maan se helder siel

En ek wonder oor siklus en stryd
En alles met 'n bestemde tyd
Skadus wisselend in kontras
Sonder om die maan se gesig aan te tas

'n Wiel binne 'n wiel
'n Siel binne 'n siel
'n Sirkel binne 'n sirkel
'n Kinkel binne 'n kinkel

Sy gelaat wat siklies verskyn
Verklein en verdwyn
Om weer te verskyn
Volgens die natuur se wette
Vry van poletieke gesprekke
Volmaan
Halfmaan
Kwartmaan
Donkermaan
Dieselfde vriendelike maan

Die aarde se gesig
Na alle kante toe gerig
Onderworpe aan die natuur se wette

Onderworpe aan poletieke gesprekke
Oorlog in geloof
Oorlog sonder geloof
Oorlog in ongeloof
Fases van vrede
Dan oorlog sonder rede
Dieselfde planeet
Wat gou vergeet

God se gesig strek van die verste sonnestel
Tot die mikroskopies kleinste sel
Sy wese omgeef alles in hierdie bestel
Die mens met 'n vrye keuse saamgestel

Hier
Teen my Ratelwiel
Voel ek aan -
'n Diepe leed
In die volmaan
Se siel
En ek weet
Sonder om te kyk
Dat die gesig
nou anders lyk

Hulpkreet na Begrip

Voorstudie

In sy kantoor agter sy lessenaar
Besig om uit teksboeke stof te vergaar
In 1 Militêre Hospitaal
Langs die psigiatriese saal
Sit die oorlogspesialis
Om hom van oorlog te vergewis
Met geen begrip
In akademie vas gestrik

In die voorportaal
Sit 'n skraal korporaal
Hy wag op sielkundige hulp
Sy hande wringend saamgeskulp
Van die slagveld afgevoer
Onbevoeg om sy taak te kon volvoer
Sewe kontakte beleef
Die agtste netnet oorleef

Diagnose

Korporaal
Jy is brutaal
Besig met ontduiking van plig
Om jou skande te verlig

Is jy siek?
Of besig met 'n nuwe triek
Voorgee om jou te onstel
Van gister se slagveld hel

Dit is mos nou verby
Die ander vergete aan jou sy

114

Sal nie ervaar die son se opkoms
Vir hul is daar geen toekoms

Met jou is niks verkeerd
Glo my - ek is geleerd
Geen skrapie aan jou lyf
Niks om in jou leêr neer te skryf
Nou vertel jy my jy is oorstelp
Jy lewe 'n drogbeeld as 'n held

Kom by ou seun
Jy is alleen
Jou slegte droom
Is bloot vertoon

Jy is n gyppo gat!
'n Banggat!
'n Slapgat!

Opvolg besoek

Die diagnose, seer om te aanvaar
Het sy laaste daad verklaar
Die koeël netjies deur sy ken
Het die diagnose fel ontken.

Seer is seer
Keer op keer
Weer en weer
En geeneen wat verstaan
Waaroor die seer gaan.

In Vergetelheid

In kampe oor die land versprei
Om vir oorlog te berei
Altare oor Ovamboland
Om hom te offer vir sy land

Nog 'n troep in bruin geklee
Het sy lewe vir sy land gegee
Van vele vrae binne hom
Het weinig uit sy mond gekom

Dit was nog dag
Toe word dit nag
Niemand om sy naam te dra
Niemand wat later na hom vra

Soos die maande jare word
En die jare eeue word
Versink hy in vergeet
Iemand waarvan niemand weet

As jy hom in tydloosheid ontmoet
Hy sal sy uniform dra
Gee aan hom 'n spesiale groet
Bedank hom vir dit wat hy moes dra

Kaplyn

'n Knal - 'n plof
In 'n warrelwind intens
Van vuur en stof
Warrel ek - die mens

Uiteen geruk
Terwyl ek lewe
Tuimelend na benede
Stuk vir stuk

Geen geheel
Elke deel
Bewend - rukkend
Spasmodies - stukkend

Dis die vrees wat ek beleef
Wat elke oomblik my omgeef
As sappeur op die kaplyn
Soekend na daardie myn

Om hom te lig
Dit is my plig
Maar vrese op die kaplyn
Net my geheim

Die Wurgwals

Knus beskerm tussen my dye - is jy deel van my
Beskut ek jou teen stampe en stote en seerkry
En jy is die deel van my wat ek gereeld moet lei
Om my van die urine uit my niere te bevry

Onderdanig aan jou taak
Het jy my nog nooit versaak
Om daarna knus terug te glip
Deur my gulp
Onderdanig in swye
Na tussen my dye

Jou ander nuk - tot opstand
Soos jy – deel van my verstand
Bring ek in verband
Om jou te beheer met my hand

Dan dans ons die wurgwals saam
Ons twee wat mekaar verstaan
En dink aan beter tye
As 'n army tent se swye

Jou geneigdheid in die laatnag
Om oor te vat met krag
Terwyl ek slaap en droom
Van sagtheid wat jou en my omsoom
En dan soos 'n vulkaan oorstroom
Witwarm lava teen my en jou se skag afstroom

Jou vroegoggend nukke van vertoon
Op dieselfde mate as die droom
Die sal ek jou verskoon
Want dit bewys sonder skroom
Dat ek mens bly, selfs op die grens

Met die onvervulde wens

Mens net mens
Aan politieke dye toevertrou
Met my maak soos ek met jou
Die wurgwals met ons almal speel
En ons menswees van ons te steel

Die Anderkant

Vir dae aaneen, moeg en suf
Het hul die Boeremag ontvlug
Vanaf die basis buite Cuvelai
Met lyke en wrakke wyd besaai

Moeg en honger en voetseer
Na die kamp op Lubango
Met net 'n handvol mahango
Om die honger te besweer

Daar kon hul die eerste keer
Besin oor die verlies van eer
Versterk word deur propoganda
Vanaf Radio Luanda

Daarna opgelei om weer en meer te leer
Van die Russiese adviseur
Waar die Kubaanse generaal
Reeds die volgende stappe kon bepaal
Ses maande daarna oor Cassinga
Techamatete, Cuvelai en Ongiva
Met meer vernuf
Die vryheids roete aangedurf

Net wes van Santa Clara
Verby doods gevare
Het hulle die eerste myn geplant
Goed versteek in die Ovambosand

Van hier in kleiner groepe opgebreek
Hulle wapens diep versteek
En in die tradisionele krale
Gesoek na 'n veilige hawe
Hul bevrydings boodskap uitgebrei

Om meer steun te kon verkry
Vanaf 'n gewillige gehoor
Die res blatant vermoor

Toe rigting gekry
Na Andoni vlakte oop
Die Boere te vermy
En hulle toe daar vasgeloop

Dit was net sy seiner en hy
Toe ons onverwags op hulle afry
Het oorgegee om die dood te vermy
Vir hulle was die stryd verby

By die krygsgevangenekamp by Keichanachab
Met self smaad deur die hek gestap
Daar ses jaar uitgedien
Voor hy sy saak se vryheid kon sien

Die verhaal hieruit te leer
Soldate eer
Is universeel

Nie die eindom van ons alleen
Maar van soldaat wees - iedereen
Elk om sy saak te ondersteun

Soldate na die stryd
Het geen reg elkaar te verwyt.
Nie een sal teen homself betoog
Om die ander te verhoog
Van hierdie kant of daardie kant
In soldate sin is ons aanverwant

Veteranegedagtes

Dieper Pyn

Dit wat ek nie wys nie -
Nie durf wys nie!
Nie wil wys nie!
Die diepe pyn van binne
Wat teken op my gelaat
'n Diep gevoel van nag -
Terwyl ek nog ek is
Maar snaaks genoeg
Iets of iemand anders
'n Skadu van my egte self!
Met sonsopkoms kan ek dit verdra
Maar soos die skadu's verskyn
Kwyn en verdwyn
Word die nat kombers natter
En sou ek dit wou keer
Kom dit sterker uit 'n ander rigting
En verval ek weer in sug!
As my gedagtes maal in sirkels
Die einde van die een
Die begin van die ander
Is dit ek of iemand anders?
Die sin van onderskeid het ek verloor!
Hoe kan ek vra na jou begrip
Presies dit!
Dit is wat my ontwyk

Die Masker

Sonder hoop op iets meer
Leef ek pal in die smagting
En dit maak dit so seer
Veel meer as die veragting

Sou ek maar met jou kon deel
Die wroeging en die smagting
Sou dit jou verveel
En deel maak van veragting

Daarom vertroetel ek die droom
Van heldwees met agting
En leef ek met vertoon
Die ontkenning van die smagting

Dus, my besondere kameraad
Bly dit net my smagting
As ek wil praat van die verraad
Bevrees vir die veragting

'n Droë Seisoen

Briewe in 'n skoenboks bymekaar
Lê hul en stof vergaar
Vir byna dertig jaar

Die veldposkantoor stempel
Afgelewer op die drempel
Lewe het daarom gewentel

So herleef ek weer
Die glorie van weleer
Om kommunisme te besweer

En neem ek bestek
Van gekke soos ek
Wat wou aanvaar
Die mite van die Rooi Gevaar

Ons het dit teengestaan
Sonder om te verstaan
In oorlog vasgebind
Vasgevang in warrelwind

Was die gevaar
Werklik daar?
Waarom dan ontbreek die vrede
Oor my toekoms hede of verlede?

Of was dit 'n droë wit seisoen
Verwyderd van my visioen?
Het ek Kanaän gesien
Maar toegang nie verdien?

So poog ek om te verstaan
Waaroor my eie oorlog gaan
Van ver in die verlede
Tot nou toe in die hede

Briewe wat soveel vertel
Van wat soldaatwees vergesel
Met mottegif deurdrenk
Is die gif ook my geskenk

Vir oulaas weer
Lees ek daardeur
Voor ek dit stukkend skeur
En die vuur dit snel verteer
Gedagtes wat tas
Drome onvanpas
Sit ek in sak en as
Oor hoe dit was

'n Ode aan my Boshoed

Die kwartiermeester het jou aan my uitgereik
Binne in 'n army trommel met klere ongestryk

Gedwonge ek ! - uit sivvie straat
Ter wille van 'n groter saak
Het ek jou gesien vir jou doel
'n Gebruiksitem sonder gevoel

Die son het jy weggekeer
Ook die winterwind - menigkeer!

In die bol van jou groot hart
Het jy 'n tuiste geskep vir my verstand

In Askari het jy my vrese gedeel
En toe in Modular weer - menigkeer
Sonder protes het jy my trane geabsorbeer

Weer
En weer
En nog 'n keer

Daarna het ek kortstondig van jou vergeet
Maar snaaks genoeg ek en jy het geweet
Dat ek jou sou uithaal
As getuie van my sielsverhaal

Oor ou geheime
Wat fluister
Met net ek en jy
Wat luister
Langs die dam
By Barberspan
Net ek en jy -

Besig om vis te vang
En ons beide
Na die jeug verlang
Op my kop -
Waar jy hoort
Ons beide
Uit dieselfde era -
Soort by soort

Ander sal dit nie verstaan
Soos ek -
Is jy 'n veteraan
En as makkers -
Sal ons mekaar verstaan!

Soeke na Alexander

Onthou

Uit 'n volk se onthou
Van toentertyd tot nou
Slyp ons 'n volk
Onder 'n oorlogswolk

Verraad het ons leer ken
In ons rug die vlymskerp lem
In vreemde rigtings ingedwing
Ons ideale erg verwring

En ook die verlorenheid oorkom
Wat ons vyande sou verstom
Met nuwe ywer voortgebeur
In ideale voortgesleur

Wat maak nou anders as tevore?
Hoekom voel ons meer verlore?
Die aanslag is feller as ooit
Ons ideale wyd verstrooid

Voorspelling

Hy is iewers op die vlaktes
Iewers in gedagtes
Van sy roeping onbewus
Vasgevang van kus tot kus

Ons wag op Alexander
Wat rigting sal verander
Weer hoop sal gee
Al is dit net een tree

Om soos 'n arend in vlug
Aan die koepel van die lug
Te wees - 'n rigtinggewer vir ons jeug
Hul weer te bewapen met deug

Te verhoed dat ideale kwyn
En oor die horison verdwyn
Die nuwe stryd is nog jonk
Alexander! jy is daardie vonk

Pottebakker jy
Met uitsoek klei
Jy hoef dit net te vorm
Na jou suiwer norm

Uitdaging

Alexander waar is jy?
Jy kan jou opdrag nie vermy
Jou vaders het die warrelwind gesaai
Jy sal die orkaan moet maai

Ook dit sal weer bedaar
Soos ons die nuwe pad gewaar

Jy is die blaar aan 'n tak
Wat agtertoe vertak
Na die stam van 'n stinkhoutboom
Met waardigheid omsoom

Jy is die hartklop en hoop
Van 'n volk in nood gestroop
Staan dan vas jong geslag
Veel word van jul verwag

Deur die lange nag
Soos jul die koers behou
Van lank terug tot nou
Deur wolkebanke grou

Bemoediging

Die dag sal weer breek
Op jul gesig die môredou
Om 'n toekoms te herbou
In skaduwees versteek

Jy is die een wat die lied sal sing
En 'n volk sal vat na 'n nuwe begin
Net jy sal die woorde verstaan
Ons te bemoedig om voort te gaan

Oproep

Alexander ontwaak!
Uit jou diepe slaap
Jy het 'n helde taak
Ter wille van die saak

Vat die staf soos Moses het
Slaan die golwe met verset
In jou is eeue ingeteel
Jy is al wat ons het!

Alexander – kom na vore
Ons saak is nie velore
Kom laat ons saam baklei
Al is dit net ek en jy!

Toekomshoop

Ek soek jou al dekades lank
Swerwend oor die ganse land
Waar begin ek na jou soek?
Ek het orals hard na jou geroep

Waarom bly jy my vermy
Jy is en was tog deel van my
Bedmaats wat mekaar omhels
Die ure lank net omgesels

Ek moet jou vind vir my behoud
Sonder jou wurg ek benoud
Berigte geplaas in elke blad
Radiostasie of kanaal in elke stad
Selfs facebook geprobeer
Soveel keer

Desperaat het ek vandag
Op elke groot gebou
Op elke hoekpaal van elke straat
My soeke na jou uitgebraak

Toekomshoop.
Verlore geraak
Iewers in die straat
Beloning -
Alles wat ek het
Kry hom net
Hy is alles
Wat ek het!

Terug Flitse

Van die oorlog teruggekeer
Angsdrome kom weer en weer
Helder ervaar ek nog die seer
Maar ook die vreugde - menigkeer

Ek onthou die opwinding van jonk wees
As ek die verhaal van my lewe lees
Op 'n gedagtevlug van die gees

Ek herroep die vasklou aan bravade
Die uitleef van die fasade
Trots – uitgestal - vir parade

Ek ruik die gal reuk van ontbinding
Die soet geur van oorwinning
Die kameraadskap ondervinding

In my keel proe ek Angola stof
Betreur ek lewens lank reeds verdof
In my onthoutog

Ek hoor stemme van lank terug
Omuthiya, helde akkers en Debrug
Van 'n tyd trots en gedug

Iewers lê 'n stukkie van my las
Ingegroei en vasgevang
In 'n Mopanieboom se bas
Of in die wintersgras

Van terug
Verlang
Oor hoe dit
Eenmaal was

Vervreem

Julle stuur aan my 'n brief oor waar ek moet aanmeld
Berei my voor oor hoe om eervol dood te gaan
Dan ry julle my aan van slagveld na slagveld
Wapen in die hand om die vyand te verslaan

Sodra ek die doodgaan deel alles goed verstaan
En ek die doodmaak deel intiem ken en omhels
Dan stel julle my vry om met my lewe voort te gaan
Wonder ek oor die doel van als en wat dit als behels

Van my wese voel ek vervreem
Voel ek iets is van my weg geneem
Waar is ek agter gelaat?
Waar het begrip my verlaat?

As iemand dan regtig verstaan
Vertel my waaroor het dit als gegaan!
Sodat ek ook kan verstaan

Verbied Oorlog

Maak 'n wet
Om oorlog te verbied
Sodat almal
Vrede kan geniet
Stel 'n mag saam
Om die wet af te dwing

Sodat

Oorlog

Weereens

Kan begin

Introspeksie

Met self waarde gedevalueer
Is dit hoe ek probeer
My kop hoog te hou met eer?

Van buite neem ek myself waar
Hoeveel keer was ek al daar
Sonder dat die woeling bedaar?

Het ek van myself 'n smartvraat gemaak?
En koester ek gewaande smaad
Met meer genot, as die regmaak?

Die oorsaak en simptoom
Ineengeweef omsoom
Ontkoppel ek van self vertoon.

Kolosse in 'n Woud

Donker wolke op die horison
Het geverg 'n nuwe bron
Van edelhout om die ark te bou
Om 'n nuwe era te aanskou

'n Spesiale soort van hout
Gekweek vir 'n nasie se behoud
Wat die storms wat sou kom
Sou kon trotseer in heldedom

Die woud het snel gegroei
Baanbrekers het die pad plavei
Onder krone uitreikend na die son
Het lote in volwassenheid geblom

So was hul die ankers van 'n era
Wat die vaandel hoog sou dra
Hul takke vertroostend oor die woud gesprei
Het hul vir hul soort die weg berei

'n Kohort was in die stryd gevel
Maar ander het oorleef
Om aan die nageslag te kan vertel
Wat werklik punte tel

Die groot kolosse van die woud
Hul waarde meer as goferhout
Verdwyn snel in die verskiet
Hul nalatenskap was nie verniet

Die jonger bome sy aan sy
In erkenning sal hul gom afskei
Deur die woud weerklink 'n klaaglied
Sy heengaan was nie verniet

139

Die Groot Boswagter het geweet
Elk se lewensduur is afgemeet
Sy lewenstaak dié is volbring
As deel van die soldatekring

'n Tyd om te leef
'n Tyd om te beleef
'n Tyd om vorentoe te beweeg
Want hy weet - voluit het hy geleef

Die volheid van die lewe

Dit was hom gegewe
Herinneringe
Van 'n bos
Erkenning
Aan 'n
Aardse tog.

Bostic Gom

Geen enkel trek op sy gesig
Herkenbaar in die straat se lig
Waar hy snel omdraai om weg te vlug
Tog iets bekend gesien van lank terug

Verward staar ek hom agterna
En skielik onthou ek die dag in die shona
Ek onthou 'n jong gesig van dekades terug
Van opleiding op Debrug

Ek onthou 'n jong soldaat
Bemoedigend langs my praat
Wyl my bloed wegsyfer in die sand
Iewers in Ovamboland

Ek voel die naald se prik
Toe die medic my terugdruk
Ek sien 'n plastiek buis van hom na my
Terwyl ek in 'n stroom weg gly

Die laaste wat ek onthou
Fletsblou oë wat my aanskou
'n Ou lidteken op sy linker wenkbrou
Wyl sy ander arm die drup op hoogte hou

Daarna - maande lank in die hospitaal
Waar sy bloed my deur sou haal
Van alles het ek daarna vergeet
My lewe in vergeet - gemeet

Ek kon hom strate ver eers agterhaal
Soos fletsblou oë in myne staar
Selfs 'n gesig vol Bostic gom
Kon die litteken nie verblom

Na my huis
Het ek hom
Terug geneem
Verward
En van homself
Vervreem

Die dag daarna
was hy net weg
Tot vandag toe –
net weg!

Vasgevang in Drome

In kindwees drome
In jonkmens drome
In grootmens drome
In oumens drome
Sweef ons op lugstrome
Bokant lowergroen bome
Of in nagmerries verlore
Als net klone van sindrome

Maar die kloon van oorlogsdroom
Wat als tot vrees omvorm en omsoom
Borrel uit 'n dieper donker bron
In duisend gedaantes is dit vermom

Die dood in elke tak in elke boom
Die dood in elke pad in elke stroom
Duisend keer in elke dag
Veelvoudig meer keer in elke nag

My lewe word in droom omvou
Onderskeid tussen toe en nou
Ineengeweef en asvaal grou
Dan bly die toé nog steeds die nou

Ek wil so graag van als vergeet
My toekomspad weer uit te meet
Maar die deel van my wat weet
Dat die deel van my wat wou vergeet
Vergeet het om te vergeet
Omdat ek weet.

Namens Myself

Geagte Generaal -

My seun wil met u persoonlik praat
Kan ek vir hom 'n afspraak maak?

My skrander seun van tien
Het sy vader nooit gesien
'n Vergete bloedkol op die sand
Iewers in Ovamboland

Miskien kan u weer verduidelik
Waarom was is dit onvermydelik
My verduidelings aan hom dra geen gewig
Soos ek self in twyfel swig

Oortuig ons almal weer
Dat alles moes gebeur
Dat ons nog 'n toekoms het
Uitplavei en uitgestrek

Geagte Mevrou -

Afspraak toegestaan
Solank u seun verstaan
Dat selfs 'n generaal
Nie toekomse bepaal

Almal ons instrumenteel
So doen ons elk sy kleine deel
Onmagtig in die groot geheel
Om die toekoms te verseël

U toon vervat 'n sterk verwyt
Ek keer die vrae na u terug
Ek myself ervaar geen spyt
Dit is u wat wroeg oor plig

Geagte Oom Generaal -

Dankie dat ek namens myself kan praat
Ek is nog jonk maar in my hart soldaat
Sou u my diens benodig vir die saak
Soos my pa is ek gebind aan woord en daad

Particles of War

Soldiers – mere particles of war
A different species than before
In control of precious lives
Whilst losing essence and derives
At destinations unkept
With deep feelings of regret

Uncertainty about tomorrow
Absorbing the sense of sorrow
Transforming life's features
Into imaginary creatures
Many a comrade have died
Many a comrade did survive

Life and death at the end of day
Conform to well mixed clay
Mere particles of war
Reform but not restore.

Moederliefde

Voogdyskap

Majoor, kyk asseblief na my seun
God het hom net aan my geleen
Soos Eli - wees u God se instrument
Op die tyd soos bestemd
Stuur my Samuel heel terug
En nie in 'n koerantberig

.

Nou is hy ook 'n deel van jou
Daarmee moes ek jou vertrou
Toe hy skraal en klein
In die groot vliegtuig in verdwyn
Op die roete na die grens
Dié tog - moeilik om weg te wens
Vir 'n jaar dra ek voogdyskap oor
Aan jou dat jy hom nie moet verloor

Mag jul beide in Sy skuilplek vernag
En dan met groter krag
Oorwinning en oorlewing vermag
In my jaar van donker nag

Majoor, stuur hom dan terug
Ongeskonde
Sonder wonde
Onverpak
Sonder 'n lyksak
Sonder 'n koerant berig
Dan is jy vry
Van voogdyskap
Sonder 'n lanferlap.

Ekstra Kaneel

Pannekoeke met heuning en kaneel
Het altyd sy hart kon steel
Opgehoop op die warm plaat
Toe die kar stop voor in die straat

Het ek haastig my voorskoot opgehang
Om my kleinseun te ontvang
'n Vreemde man het voor die deur gestaan
Homself bekend gestel as die army kapelaan

Sy gesig het reeds vertel
Wat hy wou vertel – voor sy vertel
Gesê daar was geen pyn
Sy lewe weggevat deur 'n myn

Iets het binne my geskeur
Die diep gevoel van seer
Die Kapelaan met ekstra kaneel
Afgesien by die deur

Ek is terug na die warm plaat
Miskien moet ek hierdie keer
Koeksister probeer
Dan sal hy my nie verlaat

Wie kan voorsien
Miskien, net miskien
Wie kan voorsien
Net miskien.

Saterdag Swakheid

Dekades lank wag sy steeds
Saterdag middag tevergeefs
Dat haar blondekop seun
Teen die voorhekkie sal kom leun

Maar sy weet sy wag verniet
Op die grens is hy geskiet
Om dit op Saterdag te onthou
Maak haar bestaan minder grou

Op haar plotjie stoksiel alleen
Met groente beddings om haar heen
Vooroor geboë - oud en verrimpeld
Droom sy van haar lieflings kind

Elke Saterdagmiddag bid sy
Dat God haar moet bevry
Van 'n lewe sonder hoop
Geen kleinkind op haar skoot

Elke Sondag bid sy om vergewe
Oor haar Saterdag gebed
Om nog 'n week te kan belewe
Nog 'n Saterdag by die hek.

Verklarende Aantekeninge

Meeste van die gedigte handel oor die onderwerp van oorlog. Begrippe en omstandighede mag vir die nié militêre leser vreemd voorkom. Met hierdie reeks verklarende aantekeninge word die agtergrond van die gedigte toegelig.

Veldslae en Gevagte

Savannah Veterane

Operasie Savannah in 1975 was die eerste konvensionele SA Weermag ontplooiïng sedert die Tweede Wêreld oorlog. Dit was 'n belangrike keerpunt in die eskalasie van die Koue Oorlog in die streek. Met uitgediende en ontoereikende uitrusting, het hierdie groep soldate teen 'n oormag geveg. Na Savannah het die SA Weermag verskeie groot militêre operasie in Angola gevoer. Dit blyk dat herdie latere operasies die geskiedenis van die Bosoorlog oordonder. Die geskiedskrywers is geneig om hierdie eerste kritiese fase in 1975 te vergeet. Tydens Savannah was verskeie heldedade gepleeg, baie lewens was opgeoffer. Baie van hierdie Savannah veterane het nooit erkenning gekry vir dit wat hulle verrig het nie. Hulle is 'n ou generasie wie se getalle snel krimp. SALUUT AAN JULLE WAT ONS ANDER VOORAFGEGAAN HET IN DIE BOSOORLOG.

Die Sendingstasie by Sá Da Bandeira

Hierdie gedig het ek geskryf na aanleiding van 'n ware gebeurtenis gedurende Operasie Savannah soos beleef deur Jacques Du Bois Puren. 'n Ondervraging van 'n priester om inligting in te samel, het hand uit geruk toe gemoedere begin opvlam het, deur beide die Portugese offisier en Jacques se eie makkers. Hierdie gebeure het Jacques vir byna veertig jaar gepla. Hy kon daarmee vrede maak eers in 2014. Hierdie gedig word opgedra aan Jacques Du Bois Puren en vele ander soos hy, wat selfs in die heftigheid van die oorlog nie bereid was om hulle beginsels oorboord te gooi nie.

Reserwe

Ek was Alpha Kompanie 1983 van 1 Suid Afrikaanse Infanterie Bataljon se bevelvoerder. Ons het deelgeneem aan Operasie Askari wat die sesde grootste veldtog van die Bosoorlog was. Met die gevegte 31 Desember 1983, moes ons vlug om uitwissing te kon ontsnap. Gedurende 3 en 4 Januarie 1984 het ons deelgeneem aan die opvolg gevegte saam met 61 Gemeganiseerde Bataljon Groep. Ons het die inbraak geveg

voltooi. Ons is die mynveld deur sonder om 'n myn te trap (Die my-
nveld wat toe reeds 4 Ratels geëis het) en het Cuvelai eerste binne ge-
gaan. Hierdie troepe was kwaliteit soldate. Opgedra aan A Komp 1983.
Ek salueer julle.

Die Ruggraat van Delta

Die finale geveg vir die verowering van Cuvelai tydens Operasie Askari
het plaasgevind op 3 en 4 Januarie 1984. 'n Klein groepie van sowat 300
man het die FAPLA Brigade gedwing om op die vlug te slaan. Hulle
het bestaan uit Alpha en Delta kompanies (4 SAI Bn - Nasionale Dien-
spligtiges) en die drie Tenk Afweer groepe/ Pantserkar troepe (Univer-
siteit Studente – Burgermag) wat die deurslagge-wende rol gespeel het
met die finale oorwinning oor Cuvelai op 4 Januarie 1984. Veggroep
Delta was veronderstel om die oorwinning te behaal, maar na die mis-
lukte aanval op 31 Desember 1983, het 'n groot deel van die burgermag
troepe geweier om met die geveg voort te gaan. Hierdie klein groepie
het toe reeds swaar gevegte op die Cahama front deurgemaak. Inder-
haas moes hulle verskuif na die Cuvelai front. Daarom verdien hierdie
groep die ere titel van DIE RUGGRAAT VAN DELTA.

Staalwande

Tydens die aanval teen Cuvelai op 4 Januarie 1984 tydens Operasie
Askari, het 'n T55-tenk 'n Ratel 20 uitgeskiet terwyl die seksie nog binne
was. Drie van die bemanning het die inferno ontsnap. Die res was on-
middellik dood. Terwyl hulle inry om met die vyand slaags te raak, sit
hulle gevegsgereed om uit te stap. Hulle het nooit uitgestap nie. Maar
later tydens die skoonmaak van die Ratel was volgens bewering twee
kameraadskaplike hande ineengesluit tussen die mens-like oorblyfsels
gevind. Was dit 'n oomblik van vrees of gesamentlike gebed?

Metamorfose

Gedurende 13 September 1987 tydens Operasie Modular, het 32
Bataljon tesame met 'n tenkafweer groep van 61 Gemeganiseerde
Batal-jongroep die voorste elemente van die FAPLA 47 Brigade aan-
geval. Aanvanklik het hulle net infanterie teegekom, maar soos die
dag gevorder het, het die T55's tot die geveg toegetree. Ons mag moes
onttrek en het swaar verliese gely.

Ontnugtering

Die Russiese T54-55 gevegs tenk was een van die mees vreeaanja endste wapens waarteen ons in die ganse Bosoorlog te staan gekom het. Die Tenk Afweer peloton en C Eskadron van 61 Gemeganiseerde Bataljon Groep het met groot heldemoed tydens 1987 teen hulle geveg. Die Ratel 90's het hulself uitmuntend van hul taak ge-kwyt teen hierdie gedugte wapen. Hierdie gedig gaan oor die T55's wat uitgeskiet was op 3 Oktober 1987 tydens Operasie Modular.

Oorlogsdagboek

Na drie maande van intense gevegte tydens Operasie Modular, het ons aan die begin van Desember 1987 ons uitrusting en verantwoordelikheid oorgedra aan 'n nuwe mag. Ons was uitgevlieg na 'n deurgangskamp noord van Rundu. Vir die heel eerste keer in maande kon ons net rus sonder dat daar 'n bedreiging was. Dit was ook die tyd om ervaringe met mekaar te deel. Hierdie gedig word opgedra aan Bravo Kompanie en Tenkafweer van 61 Gemeganiseerde Bataljon Groep. Dit is gebaseer op 'n vertelling van een van die Bravo lede. 1987.

Tydelike Basis

Tydens die Militêre Akademie reses aan die einde van 1987, het ek vir drie maande lank diens gedoen by 35 Bataljon (die latere 101 Bn). Hierdie gedig is gebaseer op die vertelling van die ondervinding van 'n makker oor 'n SWAPO aanval op 'n tydelike basis. Hulle het aan sy kant van die tydelike basis ingekom. Hulle was so te sê onmiddellik op hom toe hulle die pootjie fakkel afgetrap het.

Senterpunt van Staal

Op 3 Oktober 1987 het 61 Gemeganiseerde Bataljon Groep deelgeneem aan een van die heftigste konvensionele land gevegte tot op daardie stadium op die sub-kontinent. Die FAPLA 47 Bde was op daardie dag vernietig. Op die speerpunt was C Eskadron. Hulle het manhaftig geveg teen baie meer effektiewe wapens as wat ons gehad het. Op die senterpunt was Troep 31. Die oorwinning was te danke aan al die roepseine met 32 op die linker flank en 33 op die regterflank. Later die dag het Tenkafweer 71 die brose linkerflank aangevul. Hulle het ook 'n paar tenks uitgeskiet. Maar teen daardie tyd was die vyand aan die hardloop. Globaal was dit 'n 61 Meg Bn Gp oorwinning. Hierdie gedig word opgedra aan 2e luitenant Adrian Hind wie op daardie dag gesneuwel het.

Ek Sien my Gat

In die hitte van die stryd in Operasie Modular, het ons gou geleer om vining 'n foxhole te grawe om in te skuil. So 'n jakkalsgat was baie beter as 'n loopgraaf. Daar was plek vir net een. Die grou van so 'n gat moes vinnig gebeur. Hy moes diep en groot genoeg wees om een man te huisves as hy in die fetus posisie sit en sy kop ten minste 30 cm onder grond oppervlak is. Dit het skuiling gebied teen die vyand se artillerie en die Mig vegvliegtuie met baie groot bomme. Dit sou ook beskerming bied teen senuweegas wat FAPLA beplan het om teen ons te gebruik. Hierdie gedig het ek geskryf laat November 1987. Ons was besig om terug te trek na Mavinga om aan ons opvolgers oor te gee. Ops Modular was byna verby.

Net Dit

Wanneer jy besig is met oorlog, is dink en introspeksie 'n onbekostigbare luukse. Jy is te besig. Maar dan skielik in die nanag, word jy wakker uit jou onrustige slaap en dan dink jy oor vandag en oor die dag van môre. Ek het hierdie gedig geskryf tydens Ops Modular een aand 20 km oos van die Vimpulo Rivier oorsprong – November 1987.

Oorlog Steriel

Dit het my altyd opgeval dat mens deur 'n slagveld kan loop en die lyke en maaiers en vernietigde liggame kon sien, en dan neutraal daaroor kyk. - gevoelloos. Miskien is dit 'n manier om die groter dors na normaliteit te ontken. Hierdie gedig het ek geskryf na 'n herbesoek aan die slagveld van 13 Sept 1987 met die aanvanklike aanvalle op die 47 Bde aan die Lomba Rivier tydens Operasie Modular..

Eie Kruisverhoor

As voorbereiding vir 'n groot konvensionele operasie diep in Angola, was 'n kompanie getaak om inligting te gaan insamel oor wat agter die vyandelike linies aangaan. Vir drie weke het hulle oor ongenaakbare terrein geïnfiltreer. Toe neem hulle 'n veewagter waar wat op hulle spoor volg. Miskien was hy net 'n veewagter - miskien was hy nie! Maar daar kon nie oor bespiegel word nie. Hy was voorgelê, en vasgepen. Geweerskote sou drie weke se opofferings tot niks maak nie, en ook vernietiging van die kompanie teweegbring - diep in vyandelike terrein! Die enigste oplossing was om die veewagter sonder geluid te verwyder. Die enigste oplossing waaraan die spesifieke soldaat wat die

160

veewagter voorgelê het kon dink, was om hom met die projektiel van 'n 60mm mortier dood te slaan. Hou vir hou teen die skedel. Dit het die taak volbring. Teen 'n prys. Soos aan my vertel 1989.

Kameraadskap

Aangeraak

Net soldate wat werklikwaar saam en langdurig in groot gevegte was, sal verstaan hoe na aan mekaar soldate wat vrese deel, aan mekaar leer leef. C Eskadron van 61 Gemeganiseerde Bataljon Groep het op 3 Oktober 1987 een van die grootste landgevegte baklei sedert die Tweede Wêreld Oorlog. Dit was deel van Operasie Modular. Hulle het een lid verloor in die persoon van 2e Luitenant Adrian Hind, maar het ten minste vyf T55- tenks uitgeskiet. Skaars vier dae la-ter word nog een van die groep se Ratels deur 'n Mig Vegvliegtuig gebombardeer. Hulle verloor nog 'n lid. Hierdie tipe voorvalle bring 'n groep soldate baie naby aan mekaar. Om net met jou kop op iemand se skoot te kan lê, jou gedagtes met iemand te kan deel. Oor niks of baie te kan gesels. Nabyheid wat woorde oorbodig maak. Die gerusstellende nabyheid van mense waarmee jy saam deur die hel gestap het. Dit maak die onsekerheid oor die dag van môre meer draaglik.

Afsluiting

Die verlies van 'n kameraad was altyd 'n seer ervaring. Veral as daar boesemvriendskap by betrokke was. Veral as jy maar 17 jaar oud is. Hierdie voorval het gebeur in een van die buite bataljonne van Sektor 10 in Oshakati. Die verhaal is aan my vertel terwyl ek die bevelvoerder op Makalani basis was 1984.

Brokkels van Valhalla

Ek het hierdie gedig geskryf tussen 18 en 24 Oktober 1987. Dit was tydens Operasie Modular. Ons het met 'n baie klein mag in in 'n wig gelê met FAPLA Brigades aan drie kante van ons posisie ontplooi, minder as 5 km van ons oos-, noord- en wesflank. Geen grond aanvalle het plaasgevind nie, maar die spanning het hoog geloop. Enig-iets kon op enige stadium gebeur. Die enigste boek om te lees binne my Ratel, behalwe die Bybel, was 'n versamelde werke opsomming van Plato, Aristotles en deur tot by Einstein. Hierdie gedig is sterk geïnspireer deur die Einstein formule $E=mc$ square en die mitologie van Valhalla, waar alle Noorse soldate, wat in die stryd geval het heengegaan het.

Luenge Rivier

Vir iemand wat dit nie beleef het nie, is dit moeilik om te verstaan oor hoe persoonlike privaat spasie in 'n Ratel krimp tot niks. Vir maande aaneen leef 'n Gemeganiseerde Infanterie seksie in 'n klein leefruimte skaars 4 vierkante meter. Saamgebondel soos broers in 'n baarmoeder. Hierdie gedig het ek geskryf tydens die aanmars in Operasie Modular, voor die eerste kontakte, toe ons by die Luenge rivier aanvulling gedoen het. 'n Veldbrand het deur die area gewoed oor die vorige paar dae. Die rivierjie se water was omtrent swart. Maar dit was ons laaste stop voor die werklike oorlog.

Die Diepe Band

Hierdie gedig het ek geskryf vir Bravo kompanie en die Tenkafweer peloton van 61 Gemeganiseerde Bataljon Groep 1987. Hulle was 'n besondere groep mense. Ek was hulle bevelvoerder. Ons het deelgeneem aan Operasie Modular as Veggroep Charlie, en later as 'n vegspan saam met 32 Bataljon. Van die ses kompanies waaroor ek bevel gevoer het tydens my loopbaan, het ek die gehegste aan hier- die groep manne geword. Ons was 189 lede wat in September aan ons eerste geveg aan die Lomba Rivier deelgenneem het. Vroeg in Desember 1987 was ons afgelos. In die sowat drie maande, het ons aan verskeie gevegte en skermutselings deelgeneem. Ons het teen 'n oormag baklei, ten minste tien Russiese T55-tenks uitgeskiet en letterlik honderde FAPLA soldate gedood. Al 189 lede het die oorlog oorleef en het uitgeklaar. Na soveel maande van hegte bande smee, die dood dag en nag saam in die gesig staar - en dan die antiklimaks van 'n doodstil basis. Ek het intens na hulle verlang. Ek kon nie anders as om daar onder 'n Mopanie boom my leed en angs - opgehoop vir 'n ganse jaar in paaiemente uit te huil nie. Ek het hulle vir seker gemis, maar was bly dat hulle op daardie oomblik nie daar was nie. 'n Majoor is nie veronderstel om te huil nie - glad nie - selfs nie eers in paaiemente nie.

Landmyn Kraters

Operasie Savannah was die begin van die konvensionele deel van die Bosoorlog vir Suid Afrika. In 'n baie kort paar maande het een van die laaste koloniale Afrika moonthede onttrek, en hul kolonies aan hul eie lot oorgelaat. Die desperate blanke Portugese koloniste na 500 jaar, het alles net so gelos en vir hulle lewens gevlug. Dit was die einde vir

Portugese Angola en die begin van Kubaanse Angola. Suid Afrika, met verouderde wapentuig het kommunisme die stryd aange sê. Hierdie gedig is gebaseer op die werklike ondervinding van John Wahl tydens Operasie Savannah. Die insident het gebeur tydens die aanmars na Ebo. 1975.

Masjiengeweer Kamerade

Die noue band tussen die masjiengeweergroep binne die infanterie seksie was iets besonders. Hulle was 'n driemanskap onder die leiding van die onder/korporaal in die seksie van elf man. As deel van die seksie, maar tog ook 'n klein hegte groepie op sy eie. Die hele seksie het van hulle gehou in die geveg, want daardie masjiengeweer op die grond, was goud werd. Maar daardie masjiengeweer was honger, en die seksie moes help geweerbande onderhou en aandra. Dit was nie altyd so lekker nie. Hierdie gedig is geskryf op Eenhana in 1986 met Bravo Kompanie se ontplooïngs in 54 Bn se gebied.

My Held se Naam is Ratel

Vir sommige soldate was sy Ratel net 'n stuk yster, 'n betroubare wapenstelsel ontwerp vir oorlog. As 'n mens egter vir twee jaar in die Bosoorlog – 'n volle vyf en twintig maande elke dag in daardie Ratel verkeer, dan begin daardie voertuig 'n persoonlikheid van sy eie aan te neem. Roepsein 20 was my bevelsvoertuig, my huis, my skuiling, my karavaan- en so kan ek voortborduur. Hy het my gedra deur baie kilometers van Ruacana tot Eenhana. Deur verskeie gevegte van die Lomba tot Chambinga tydens Operasie Modular. Hy was die mees betroubaarste vriend waarvoor ek op kon hoop. Hy het my nooit in die steek gelaat nie. Vroeg in Desember 1987 moes ons oorgee aan die makkers wat sou voortgaan met Operasie Hooper. In 'n opwelling van sentiment, het ek daardie laaste aand binne my Ratel gesit en hierdie gedig aan hom toegewy. Dit was bedoel as 'n metafoor van afskeid.

My Laaste Troep

Ek het in 1990 uit die SA Leër bedank weens heftige stresreaksies oor onverwerkte gevoelens oor die oorlog. Die sielkundige het aanbeveel dat ek vir my 'n hond moet kry om mee te gesels. Ek het! Sy naam was Nimitz von Grehenheim, 'n Duitse Herdershond - een van die beste vriende wat ek ooit gehad het. Hy het my weer iets gegee om voor voort te kon gaan. Hy was die beste troep wat ek ooit gehad het.

Ode aan die Gemeganiseerde Infanterie Seksie

Die seksieleier het 'n ongelooflike belangrike rol in die Bosoorlog gespeel. Veral in die konvensionele landgeveg. Die seksie is die basiese bousteen van 'n gemeganiseerde bataljon. Aan die einde van Operasie Modular het ek 'n gesprek gehad met 'n seksie leier van Bravo Kompanie in die deurgangskamp. Sy weergawe het my geroer, en tot die besef gebring, dat die seksie waarskynlik die swakste ingelig was, veral met snel veranderende omstandighede. Die peloton bevelvoerder gee orders met die aanvang van 'n spesifieke aanval. Maar sodra die geveg begin, loop dinge te vinnig vir die kompanie bevelvoerder om detail te verskaf aan die peloton bevelvoerder. Dit dwing hom dan om sy seksies aan te wend op swak minuut tot minuut informasie vanaf die seksies op die front en op die flanke. Dan weereens was die seksie die oë en ore van die geveg, want hulle was heel voor. SALUUT AAN DIE SEKSIELEIERS! Opgedra aan: Korporaal Stelios Moraitis. Hy was nie verplig om diensplig te doen nie – maar hy het – uit eie oortuiging.

Oorlogsheld

In Operasie Modular het ek saam met drie ontvangers van die Honoris Crux diens gedoen en hulle baie goed leer ken. Hulle was Hannes Northmann, Johan Kooij en Martin Bremer. Ek het altyd gewonder oor wat maak hulle verskillend van die res. Doodgewone mense wat ongewone dinge doen,verby plig. Ek het hierdie gedig geskryf op Rundu in die deurgangskamp 1987 met hulle as my inspirasie.

Suiwer Metaal

Twee makkers swaar verwond, het mekaar aan die lewe gehou, todat hulle onder die vyand se vuur uitgehaal kon word. Die gebeurtenis het plaasgevind in 1985. Die swaar gewonde een is deur sy maat aan die lewe gehou deur moed inpraat. Die dokter het dit aan my beskryf as 'n wonderwerk dat hy sy wonde oorleef het.

Vlietend in Tydloosheid

Opgedra aan 'n jeugvriend wat iewers in die Ruacana gebied gesneuwel het. 1984.

Kegel van 'n Tuitmiershoop

Een aand terwyl Bravo Kompanie en Tenkafweer van 61 Meg Bn Gp buite die walle van Etale basis in 'n geslote laer gelê het, kon ek uitkyk waar 189 manne hul slaapsakke ooprol en hulself blymoedig inrig vir die nag. 1987.

Saamgeknoop

Die oorwinning op die slagveld is 'n groepspoging. Een vir almal en almal vir een. Maar as jy sneuwel dan loop jy daardie paadjie stoksiel alleen. Gedagtes aan die Lomba front. Ops Modular – 1987.

A Legend of a Special Kind

The history of 61 Mechanised Battalion Group.

Golden Braid

In recognition of the heroes of 61 Mechanised Battalion Group.

Liefdes Verhoudings

Kleurskakerings van Skarlaken

Die feite in hierdie gedig is effens aangepas om identiteite te verbloem. Dit het plaasgevind in een van Sektor 10 se buite bataljonne in Ovamboland. Die gedig mag ietwat oorleun na die erotiese. Maar op ouderdom agtien is die hormone sterk in elke jong man se bloed-stroom. Die doel van die gedig is nie erotika nie, maar eerder as 'n metafoor vir die siklus van die lewe. Geboorte en dood. Dit is die hartseer verhaal van 'n jong soldaat wat sy eerste liefde vind en dan "Fatal Attraction" beleef. Daar was van die begin af net een vrou in sy lewe. Dit was sy enigste leefwêreld. Toe dit verkrummel, het niks meer vir hom sin of saak gemaak nie.

Nagduvet

Sowat 600 000 jong blanke mans het militêre diens gedoen oor 'n paar dekades. Baie was wêreldwys, maar ander uit baie konserwatiewe omgewings was soms baie naïef. Boonop was hulle jonk, party te jonk. Sommige het eers 18 jaar oud geword na die voltooiing van sy twee jaar diensplig. Hierdie gedig het ek geskryf na aanleiding van 'n brief wat ek ontvang het in 1984 van een van my ou troepe. Dit was sy verhaal.

Simptome

In 1978 was ek 'n jong tweede luitenant. Ek het kortstondig in 'n basis diens gedoen waar 'n voorheen gemiddelde gedienstige goeie troep, skielik alle belangstelling in alles verloor het. Hy het sy eie lewe geneem. Ek moes sy persoonlike besittings laat verpak. En het die oorsaak van sy optrede gekry in die opgeskeurde foto van 'n bruidspaar voor 'n kansel. Waarskynlik sy ex-meisie? Sy makkers en sy leiers het sy agteruitgang beskou as slapgatgeit. Het hulle maar net probeer om hom te vra waaroor dit alles gegaan het. Ek het hierdie gedig geskryf op Mahanene in Ovamboland.

'n Edel Blom op my Lapel

In die Ogongo gebied het was 'n makker afgevoer met Malaria. Die siekte was klaarblyklik nie so erg nie, want op sy herstelverlof het hy sy tentmaat se meisie opgesoek. Na sy terugkeer het hy die episode met ander gedeel. Die benadeelde makker was verplaas, want op 'n grens basis – met gevoelens wat hoog loop – was dit beter so.

Droomwag
Die verhaal van 'n kannonier op wagdiens in Hurricane basis naby Ruacana 1985.

Laaste Brief
Die posstelsel vanaf die grens was soms maar stadig. Hoeveel keer het dit nie gebeur dat daar nog briewe by die huis aankom wat deur die soldaat geskryf was, nadat hy reeds begrawe was nie. 1985.

Weermaglewe Algemeen

Soeke na Vrede

In 1982 was ek die bevelvoerder van die "Heropleidingsbasis" op De-Brug buite Bloemfontein. (Ek was 'n baie rou Kaptein). Gelukkig het die plek nie lank bestaan nie. Indien 'n troep herhaaldelik net die pad gevat het (awol), het die militêre stelsel se raad opgeraak. Detensie barakke was duidelik nie die oplossing nie. Dit het gelei tot die stigting van die basis. Toe ek bevel oorgeneem het was daar sowat 87 lede op my sterkte. Van die basis ingehoudenes het soveel as 18 maande ekstra tyd na die aanvanklike 24 maande moes uitdien. Hier het hulle ou army trommels reggemaak, of enige iets waarmee die stelsel hulle mee kon besig hou. Dit was 'n gedoemde projek van dag een af. Jy kan enige iets aan 'n mens doen, en hy sal dit kan hanteer. Vernedering op 'n langdurige basis – wel geeneen kan dit hanteer nie. Dit was 'n projek wat veronderstel was om deur die SAW Geneeskundige dienste (SAGD) ondersteun te word. Maar die SAGD het hopeloos gefaal in hulle benadering, of gebrek aan 'n benadering. Ek onthou hierdie geval met deernis. Direk daarna is die basis gesluit weens my opstand teen die praktyk, en is die oudgediendes terug verplaas na die aanvanklike eenhede, wat in die eerste plek moes gebeur het. Miskien was dit die begin van my kritiese denke oor blindelingse opdragte. Hierdie gedig is ook in Sweeds vertaal en in Swede gepubliseer deur Bodil Everston Hugo.

Vasgepen

Tydens opleiding op Debrug in 1981, het 'n Ratel omgeslaan en beide die toring bevelvoerder se bene vasgepen tussen die toring deksel en die toring ring. Dit - onder 'n Ratel van 18 ton. Maak nie saak na watter kant toe jy die Ratel van hom afkantel nie, dit doen meer skade, maar daar is geen ander opsie nie. Ek het die gedig eers geskryf drie jaar later na my gevegte by Cuvelai. Eers toe kon ek perspektief kry oor alle fasette van soldaat wees. Of 'n soldaat diens doen in die Republiek, of op die grens, of in Angola, Hy doen sy deel. Die gewonde soldaat op die grens is nie in 'n ander kategorie as die makker wat ty-dens opleiding gewond of gekneus is nie. Hierdie gedig word opgedra aan Jasper Lambrechts. Ek sal hom altyd onthou as 'n besondere mens.

Eerste Liefde

ŉ Soldaat moes leer om ten alle tye sy geweer by hom te dra. Die gewoonte moes hy aanleer vanaf die heel begin, en voortdra todat hy die dag uitklaar en die siviele lewe betreë.

Ontbloot

Hierdie is die verhaal van Fanie Kotze (1988/89):" Baie nagte in die bos, het ek bo-op die Ratel se camo net op die spaarwiel gelê, walkman op die ore en geluister na musiek wat my kon terugvat huis toe, al was dit net kortstondig in my gemoed. Meegevoer ŉ die melkweg stelsel met tien maal meer sterre as by die huis. Worstelend met die frustrasie van vrae sonder antwoorde en ongekende afstand wat maande lank sou vat voor ŉ flossie dit sou verkort. Opsoek na ŉ uit-koms wat alreeds bekend is, maar nie aanvaarbaar is nie. Op soek na sinvolle rede in die opoffering as jong soldaat".

Hierdie gedig word opgedra aan Fanie Kotze en die menige ander wat in die Bosoorlog gewonder het oor baie dinge.

Die Lied van die Gemeganiseerde Infanterie

(Wysie - "Das Panzerlied") Verwerking - Dawid Lotter

Onmag

Tydens ŉ militêre operasie het ŉ soldaat homself deur die voet geskiet. Die daaglikse spanning van oorlog het vir hom te veel geword. Sy verweer was dat hy besig was om sy wapen skoon te maak. (Met ŉ rondte in die loop?). Hoeveel moet ŉ mens bang wees om eerder jouself te beseer as om die slagveld te betree. En hoe hanteer jy die gevoelens later? Ek veroordeel niemand wat sy vrese nie kon mak- maak nie. So ŉ makker word sy eie regter, en moet oor homself sy eie oordeel vel.

Wraakgedagtes

Daar het baie dinge met baie soldate gebeur tydens die Bosoorlog jare. Goed en sleg. Meestal is dit water wat verby is, maar dan is daar sekere voorvalle wat negatief wederkerend is en die lewenskwaliteit van die veteraan versuur. Bevelvoerders wat sinneloos makkers na hulle dood gestuur het, mede makkers wat jou skade berokken het. Hierdie gedig na aanleiding van ŉ paar gesprekke met makkers wat sekere insidente uit daardie jare nie kan of wil vergeet nie, en daarom moeilik vergeef.

Placebo Effek

Tydens militêre operasies diep in Angola, waar jy oorleef van dag tot dag, dan leer 'n mens om klein dingetjies te waardeer - jou daaglikse brood - en om die dag te kan oorleef. Selfs jou rantsoenpak bestaande uit blikkies kos, aanmaak pap en energy bars waardeer jy veel meer as 'n steak by die Spur restaurant. Ek het hierdie gedig geskryf laat Oktober 1987 op die Mianei hoë gronde.

Kameraadskontrak

Die army gooi 'n groep jong mans in die fleur van jonkwees saam. Sonder hulle af van normale lewe en die bevrediging van hulle intie me behoeftes. Stelselmatig oor maande leer hulle om mekaar te verstaan en te besef dat die selferkenning van die behoefte aan open-like privaatheid vir elkeen belangrik is. 'n Ongeskrewe en ongesegde kontrak ontstaan. Een van begrip vir mekaar.

One of a Kind

Baie makkers van die diensplig generasie was baie jonk. Sommige het eers agtien jaar oud geword nadat hy sy twee jaar diensplig voltooi het. So jonk soos hulle was, was hulle nie meer leeuwelpies nie, maar volwasse leeus volwaardig deel van die trop. Opgedra aan Warren Sheridan. Hy was die jongste lid van Bravo Kompanie in Operasie Modular. Hy het eers agtien geword die volgende jaar toe hy reeds sy diensplig voltooi het. Hy was jonk maar 'n ware kryger.

Weerkaatsings van Oorlog

Bizare Spel

Op 3 Oktober 1987 het 61 Gemeganiseerde Bataljon Groep die 47 FAPLA Brigade vernietig. Die oorwinning was soet. Na die slag het ek, soos ek oor die slagveld uitstaar, brandende voertuie en baie lyke, gewonder oor die oorlog. Ook oor die sin van oorlog.

Magspel van Gevoel

Wroegings oor oorlog by die Mianei Rivier Oktober 1987. Na twee maande van veldslag na veldslag in suid-oos Angola, was daar nog geen aanduiding dat die vyand homself as oorwonne beskou het nie. Dit het gevoel of die oorlog vir altyd gaan aanhou.

Onbegrip as 'n Begrip

Een aand op Etalé basis in 1986 het ek tydens klaarstaan, sterk skemer, uitgekyk na die grenspos by Oshikango of ook bekend as Santa Clara. En skielik het ek besef dat ek op die kant van die muntstuk sit. Hierdie kant ons, en daardie kant hulle. Om die muntstuk van die lewe te verstaan, moet jy begrip hê vir die anderkant. Want net deur te vergelyk, kan jy ten volle verstaan. Maar die mens sien net sy eie kant van die munt – die kant vanwaar hy staan. Die ander kant is deel van die onbekende.

Vir Altyd

In oorlog beleef elkeen net dit wat hy kan hoor en sien. Dit is maar 'n baie klein deeltjie van wat werklik op die slagveld gebeur. In jou eie klein kokon leef jy van dag tot dag. Jy is al maande lank op die front. Jy wonder soms hoe lank dit nog gaan duur. Jou gee die maklike antwoord vir jouself – vir altyd! Dan skielik in 'n oomblik van helderheid onder 'n kamoefleernet langs jou Ratel, dan wonder jy nie meer nie, want jy weet. In die verrotting van oorlog voel jy by hernuwing die drang om te oorlewe sterk roer. Dit is dan wat jou onderbewussyn inskakel op die sentrale databasis van menswees, en onttrek jy selektief die informasie. So kom jy tot die gevolgtrekking dat dit jou beskore is om net die klein deeltjie te kan sien. Die res val anderkant die grense van die kenbare of herkenbare. 1987.

Wroeging
Na die gevegte rondom Cuvelai en daarna my betrokkenheid by die Gesamentlike Monitor Kommisie, het ek 'n verwardheid oor die verlies van lewens in oorlog en die plig van patriotisme ervaar. 1984.

Fases
Gedurende Julie 1986 het ek een aand laat oor die spookagtige wit sand rondom Etalé basis uitgestaar na die mooiste volmaan wat alles silweragtig belig het. Oor die radio het Jim Reeves se "Dark Moon" gespeel. Ek het hierdie geskryf na aanleiding van my gevoel terwyl die laaste kole op die vuurtjie langs die Ratel verlaas in die koue laat-nag windjie gegloei het. 1986.

Hulpkreet na Begrip
Ek kan almal alles vergewe. Die Politici – hulle het gedoen wat hulle geglo het wat goed en reg was vir die land. Die oorlogsgeneraals – hulle was net die uitvoerende verlenging van 'n ideaal. Maar wat ek moeilik vind om te vergeef, is die ontkenning van Post Traumatiese Stres deur die hele stelsel. Die Mediese Weermagsdeel was uitste- kend. Ook maar net vir fisiese wonde. Daar was ook die sielkundige afdeling. Hulle het niks verstaan oor die oordele wat hulle sou fel oor die wonde aan die siel van die soldaat nie. HULLE WAS KRIMI-NEEL ONBEVOEG.

Hierdie het ek geskryf na aanleiding van 'n telefoonoproep vanaf 'n publieke telefoon wat ek ontvang het van 'n makker, net na sy konsultasie by 'n sielkundige in 1 Militêre Hospitaal. Ek sou hom die volgende dag gaan besoek, maar hy het homself uit die hospitaal ontslaan, en dieselfde nag selfmoord gepleeg.

In Vergetelheid
Hoe lank is 'n mens se geheue? Hoe lank is 'n geslag van mense se geheue? Hoe lank is 'n volk se geheue? Dit het ek myself afgevra op 16 September 1987 tydens Operasie Modular. Hierdie het ek geskryf na aanleiding van 'n makker van Alpha Kompanie wat daardie dag gesneuwel het. Hy het nie onder my gedien nie, maar sy gesig sal ek nooit vergeet nie.

Kaplyn
Een van die eensaamste werke op die grens was sekerlik die van die sappeurs wat daagliks paaie en kaplyne moes vee vir landmyne. Hier die gedig het ek geskryf na aanleiding van 'n Genie Korps skoolvriend

wat op Eenhana basis gestasioneer was 1986. As vriend kon hy sy diepste gewaarwordinge met my deel.

Die Wurgwals

'n Wrang satire oor menslike behoeftes – soldaatwees behoeftes, gehoorsaamheid aan gesag, en die misbruik van gesag. Dit is bedoel as 'n metafoor oor politieke manipulasie wat die menslike swakhede uitbuit en hom bring op plekke waar hy nie wil wees nie. (Mahanene - Ovamboland 1978)

Die Anderkant

Ek het hierdie gedig geskryf in Maart 1990, ses jaar na die voorval. Nadat ons SWAPO van sy veilige hawe op Cuvelai ontneem het deur FAPLA te verslaan 4 Januarie 1984, het hulle terug moes vlug na Lubango waar die SWAPO hoofkwartier was. Van Lubango moes hulle byna 300 km stap om by die SWA grens uit te kom. Tien maande later het my kompanie (C Komp 61 Meg Bn Gp) hierdie twee SWAPO terroriste gevange geneem net buite die Etosha Wildtuin. Hulle het net opgestaan, hande in die lug oorgegee. Hulle blus was uit. Dit was 'n detachment commander en sy seiner.

Veterane Gedagtes

Dieper Pyn
Dit is moeilik om te begryp - die dieper pyn. Daardie pyn wat ek in my liggaam ervaar, maar ek is tog gesond, so beweer die dokter. Vanwaar dan die fisiese pyn wat ek met intensiteit, elke dag beleef? Is dit omdat hulle my nie verstaan - omdat ek myself nie verstaan nie? Hoe meer ek hulle wil verstaan soos hulle my nie kan verstaan nie, hoe meer en heftiger raak die pyn - wat ek ook nie begryp nie. As ek dit self nie kan begryp nie - my dieper pyn - hoe kan ek dan verwag dat hulle moet verstaan.

Die Masker
Watter ondergeskikte ongeag van rang, in die oorlog, sou ooit kon raai dat dieselfde onsekerheid in homself, ook in sy bevelvoerder teenwoordig was. Die intense behoefte om sy eie vrese met iemand te kon deel, sonder om as 'n swakkeling voor te kom. So dink ons maar op elke vlak, dat my eie wroeging net op die ekke van toepassing is. Elk se persoonlike weet - ek is swak, maar my senior is sterk, hy durf nie swak wees nie. Op elke vlak dra ons almal 'n masker.

'n Droë Seisoen
Nie alle Bosoorlog veterane voel na al die dekades sedert hulle terugkeer van die oorlog dieselfde oor hulle opofferings nie. Party voel verraai deur die politiek, ander aanvaar die uitdagings van die toekoms met ywer. Ander gaan soek 'n ander heenkome in die buiteland om tydelik die pot aan die kook te hou. Ander verlaat die land permanent. Uit watter kategorie ookal, almal is besig om dinge vir hul-self uit te werk. Dit is nie altyd 'n maklike pad nie.

'n Ode aan my Boshoed
Langs Baberspan sit 'n oud-soldaat en visvang. Net die stilte, die visstok in die water, hy en sy army boshoed. Sy gedagtes dwaal terug na tye lank verby - na die opwinding van jonk wees - die oorlog in sy felheid - die hartseer en verlange van toe en van nou. Twee oorlogsveterane wat mekaar verstaan. Die man en sy army boshoed.

Soeke na Alexander

Na die 1994-verkiesing het ek gewonder of alles die moeite werd was. Die opofferings – die vergane lewens? En toe stap daar 'n manhaftige laerskool seun verby met kaal voetjies met gebarste winter hakskene. Hy was so vol van jeugdigheid en verwagting - pragtig - in klein-menswees. Ek het skielik gevoel dat ek hom gefaal het. Iewers in die land loop daar 'n leier rond, nou nog met kaal voetjies en gebarste hak-skene. 'n Leier wat iewers gaan opstaan en rigting gaan gee aan 'n volk - weggeteken, met 'n stembrief. Alexander die Grote het op jeugdige leeftyd die stryd begin en is op ouderdom 34 jaar oorlede. Iewers in Suid Afrika is daar 'n Alexander, wat vir 'n volk die padvinder sal wees. 1995.

Toekomshoop

In analogie van die gedig "Soeke na Alexander"

Terug Flitse

My stryd met Post Traumatiese Stres Versteuring na die oorlog, het my op vreemde paaie laat wandel. In oorlog bly daar altyd stukkies mens agter op die slagveld, letterlik en figuurlik.

Vervreem

Twee jaar na die Slag van die Lomba - Ops Modular (3 Oktober 1987) ontvang ek 'n brief van 'n troep wat ek nie kon onthou nie, want hy het nooit onder my gedien nie. Maar sy noodkreet om hulp om aanpass-ing het my diep geroer.

Verbied Oorlog

Gedurende 1978 te 35 Bn op Mahanene, na 'n heftige kontak met SWAPO, het iemand uitgeroep in desperaatheid. Verbied oorlog!! Die ironie van die woorde het my opgeval en ek het hierdie kwatryn na aanleiding daarvan geskryf.

Introspeksie

My worsteling deur depressie en Post Traumatiese Stres Versteuring.

Kolosse in 'n Woud

Soos die Bosoorlog veterane kader jaar vir jaar ouer word, hoe kleiner word ons getalle. Dit is die verloop van die lewe. Die Groot Boswagter weet wanneer dit tyd is vir 'n oud soldaat om te gaan rus.

Bostic Gom

Die gedig is gebaseer op 'n ware verhaal wat in Ovamboland tydens die Bosoorlog plaasgevind het. Die sersant was ernstig gewond en die troep het die regte bloedgroep gehad. Die dokter was verplig om 'n direkte bloedoortapping te doen in die veld. Hierdie verhaal is aan my vertel deur die sersant wat die bloed ontvang het dekades nadat die voorval in die veld plaasgevind het. Daar is baie wrakke van die Bos oorlog wat hulle lewens aanmekaar plak met Bostic gom, of alkohol, of wat ookal.

Vasgevang in Drome

As 'n mens te lank of te intens die oorlog beleef, dan word dit deel van jou gees. Hoe breek jy daarvan weg, as dit wat jy wil vergeet nie vergeet wil word nie, maar hoogstens aanvaar wil word as deel van jou menswees. Psigiatriese saal 1 Militêre hospitaal. 1990.

Namens Myself

Was dit alles die moeite werd, die opofferings en leed, die verlange en die vergeet? Laat die jeug daaroor besluit. Niemand kan namens hulle praat nie, want dit is hulle toekoms. 1998.

Particles of War

Soveel keer het ek besef , dat alle soldate pas aan by dit wat van hulle verwag word. Dit wat ons geleer het, ons glo dat dit reg is. Maar eintlik is menswees deur die eeue 'n stryd om oorlewing. Daarom is ons almal in 'n sin net deeltjies van oorlig - Particles of War.

Moeder Liefde

Voogdyskap

Wanneer die nuwe troepe na 'n jaar van opleiding vir hulle tweede grens jaar op 'n grensbasis aanland, het die kompanie bevelvoerders maar die sporadiese briewe van ouers, veral moeders gekry. Dit is maar die normale. Maar ek het 'n besondere brief in 1986 ontvang, wat tot my persoonlik gespreek het, en 'n moeder my aangestel het as haar seun se voog. Hierdie brief het my weereens laat besef dat 'n bevelvoerder 'n besondere verantwoordelikheid het. Wen die oorlog, maar moenie deur swak oordeel met mense se lewens speel nie.

Ekstra Kaneel

Hierdie gedig is gegrond op die werklike verhaal van 'n oumatjie wat eers haar enigste seun verloor het weens myntering, toe haar man. En al wat sy oorgehad het was haar kleinseun, wat op die grens gesneuwel het. In 'n klein sitkamertjie op Hartebeesfontein, het sy dit vir my vertel.

Saterdag Swakheid

Hierdie is die ware verhaal van 'n ou vroutjie diep in haar sewentigs wat nooit kon vrede maak met die dood van haar seun nie. Vereensaamd op 'n kleinhoewe iewers in die Wes Transvaal het sy 'n armoe- dige en afgesonderde bestaan gevoer.

Woordsketse

Gedagtes aan Balaclava

Hoe kan 'n mens jou gevoelens aan ander beskryf oor jou eerste bevels pos in jou eerste konvensionele geveg ? As daardie geveg dan vooraf alle eienskappe van swak beplanning dra, dan voel jy 'n diepe desperaatheid van jou besit neem. Jy weet die enigste oplossing is vorentoe, want jy het die punt van geen omkeer verbygesteek, toe jy in die eerste plek jou bevelspos aanvaar het. Sodra jy dan met hierdie self gesprek in jou binneste vrede gemaak het, dan het jy die belangrikste oorwinning behaal, die een oor jouself. Dit is hoe ek dit ervaar het op 31 Desember 1983 as Alpha Kompanie bevelvoerder tydens Operasie Askari.

Ek glo dit is seker vir elke bevelvoerder in die werklike voorste linie van vuur, 'n unieke gevoel om die finale orders vir die geveg uit te reik. Daardie paar uur voordat jy jou mense in die hel sal inlei. Ek belewe daardie oomblikke dertig jaar terug met abslolute helderheid. Dit speel soos 'n rolprent voor my geestesoog af. Ek ruik weer die nat aarde - die groen bome. Ek proe weer die effense bitterheid in my mond - die speekselkliere wat nie lekker wil werk nie. Ek hoor die voëls in die takke bokant my. Ek ervaar weer my wrewel teenoor die hoër hoofkwartier wat so maklik spelde op die operasie kaart kon rondskuif. Op die kaart is een sentimeter hanteerbaar klein. Op die werklike terrein is dit meer as tien kilometers deur modder en vyandige terrein. Dit het hulle tog alles vooraf geweet tydens die aanvanklike beplanning, maar het verkies om logika te ignoreer. Ek blameer hulle nie. Ons kan nie almal voor op die front wees nie, en oorlog bestaan nie net uit regte beslissings nie.

Maar hulle kyk nie honderd en vyftig jong gesigte in die oë nie. Daardie gesigte vol van vertroue in hulle bevelvoerder. En elke gesig sê:"Hy weet wat aangaan, hy sal ons nie onnodig aan die dood bloot-stel nie". Diep binne in jou eie wese weet jy dat jy net soveel soos hulle weet, niks meer nie. Watter bevelvoerder kan enigiets voorspel todat die geveg losbars? Jy kan met die beste plan die geveg betree, maar sodra as wat die eerste skote klap, dan raak dit soos 'n skaakspel. Net moeiliker, want doodmaak het net een reël - dit is - daar is nie reëls nie.

Daardie finale gesprek met jou mense is moeiliker as wat jy jouself vooraf ingedink het. As jy alles gesê het wat jy wou, dan bly daar 'n leegheid in die lug hang. Jy voel jy wil nog iets sê, maar jy weet nie wat nie. Jy voel aan dat hulle wil hê dat jy nog iets moet sê. Dan ervaar jy jou eie onsekerheid, maar jy hou jou pose, ongeag wat. Daardie honderd en vyftig jong gesigte hou jou dop soos onder 'n mikroskoop. Jy aanvaar onvoorwaardelik die vertroue wat hulle in jou stel. Jy verban jou eie gevoel van onmag. Daarna is jy nie meer net 'n jong kaptein met geen oorlogservaring nie. Jy word vir 'n paar minute 'n generaal. Want hulle vertrou jou meer as wat jyself jou eie generaal vertrou.

Jy motiveer, jy dryf vrese en onsekerheid uit, jou val terug op geykte slagspreuke. Diep binne jouself weet jy dat dit valse bravado is. Jy bly lojaal aan jou bevel struktuur, want jy vermoed dat hulle ook maar soos jy voel. En dan onthou jy jou studiestuk by die Militêre Akademie: "The Charge of the Light Brigade" in die slag van Balaclava tydens die Krimoorlog. Jy oortuig jouself dat dit wat voorlê nie 'n herhaling van Balaclava gaan wees nie.

> "Forward, the Light Brigade!"
> Was there a man dismay'd?
> Not tho' the soldier knew
> Someone had blunder'd:
> Theirs not to make reply,
> Theirs not to reason why,
> Theirs but to do and die:
> Into the valley of Death
> Rode the six hundred.
> *Alfred, Lord Tennyson*

Kort daarna is dit H-uur. Jy gee die opdrag en steek die afmarslyn oor. Die ontstuimigheid in jou binneste wissel snel van een uiterste tot 'n ander. Van oordrewe waaksaamheid tot selfversekering tot 'n gevoel van onsekerheid diep binne in. Laasgenoemde onderdruk jy met al jou mag – dit is jou geheim. Soos jy die vyand nader, probeer jy die strepies en kontoere op jou kaart volg, om met verbasing te sien dat die kaart nie verteenwoordigend is van die werklike terrein nie. Jy leer dat die kaart nie die terrein is nie, maar hoogstens 'n voorstelling daarvan. Jy besef dat oorlog nie lewe is nie, maar 'n verwronge afwyking daarvan.

Skielik is die tyd vir dink en wonder eensklaps verby. Die eerste skote klap, en jou denke bereik 'n kritiese balans. Jy word 'n aktiewe databasis. Jy dateer inkomende data op, jy verwerk dit in opdragte, alles in breukdele van sekondes. Jy integreer data vanaf jou drie radiostasies – na hoër hoofkwartier, na jou ondersteunings wapens en na jou pelotons. Jy reguleer die spilpunt van jou kompanie - jou eie Ratel. Jou eie kanonnier wat skiet, die vrese van jou drywer, waar hy alles hoor en sien, maar vasgevang is in sy klein kompartement. Jy voel hoe honderd en vyftig individuele seine instem na jou brein toe. Alles binne jou word stil. Jy druk die regte sleutels, doen die regte dinge, en eers later wonder jy hoe jy daarin geslaag het.

Jy neem jouself met verwondering waar en leer 'n belangrike les. Jy het vrye wil net vir die oomblik, of dit maneuvrering van een kant na 'n ander is of 'n ontrekking. Jy kan daardie kritiese vrye wil net uitoefen in die "nou". Daarna is daar 'n volgende oomblik van vrye wil, maar die fout wat jy gemaak het met die vorige wilsbeslissing, bepaal die rigting na oorwinning of nederlaag.

Skielik is dit alles verby. Ons onttrek in nederlaag. Jy besef dat jy lewe sodat jy more weer kan veg. Sonder verwysing na godsdiens, voel jy dat jy deur die geveg gelei was. Wanneer al jou mense dan veilig is, vervul 'n diepe danbaarheid gemeng met intense hartseer in jou gemoed, en jy voel die trane onder jou ooglede brand. Dan oorval 'n doodse moegheid jou. Nie soseer oor die slagveld nie, maar omdat jy jouself dan kortstondig vrystel van die gewig van verantwoorde-likheid.

Daardie aand in die laer gebied ontwyk die slaap jou. Jy hoop dat jy van uitputting aan die slaap sal raak. Maar dit gebeur nie. Jy kom gou agter dat dat dit nie soseer 'n fisiese moegheid is nie, alhoewel jy vir baie nagte nooit 'n behoorlike nagrus gehad het nie. Ook gaan dit nie oor hartseer oor die gesneuweldes nie, want van hierdie gevoelens voel jy kortstondig verwyderd. My skerp kant het iewers tussen hiper waaksaamheid en slaap verlore geraak - tussen die sterre wat helderder en flouer flikker – van oomblik tot oomblik.

Ek was tuimelend vasgevang in 'n warboel van botsende gevoelens. Ek het die sin van dit alles bevraagteken vanuit die dieptes van my siel, en die barheid van die groter geheel. Ek het gewonder oor dit wat wyer strek as die dag se geveg. En toe herroep ek Hitler se opmerking na die slag van Stalingradl

> "Wat is die lewe.
> Die lewe is die nasie.
> Die individu
> moet in elk geval
> sterf.
> Nadat die individu
> gesterf het,
> bly die nasie
> nog lewendig".

Met hierdie gedagte in my kop het ek weggesak in 'n diepe slaap, ver-wyderd van drome en gedagtes. Ek het tot die werklikheid terug ge-keer toe 'n vriendelike army boot my liggies in die sy por. Toe ek my oë oopmaak, was die vriendelike vuil gesig van my kanonnier voor, my met 'n firebucket rantsoenpak koffie. Ek het gevoel of die nuwe og-gend 'n gawe was. Ek het verfris gevoel asof ek vir eeue geslaap het. Ure vantevore se somber gedagtes het wonderbaarlik soos mis voor die son verdwyn. Ek was weer in beheer van myself.
(1983)

Oos van die Son en Wes van die Maan

Dwarsdeur die geskiedenis van oorlogvoering, van die antieke tyd tot die moderne, was die verloop van enige veldslag een van onsekerheid. Twee opponente probeer mekaar uitoorlê. Dit lei tot een verrassing na die volgende. Meeste van die tyd is antwoorde van hoof kwartiere geskoei op die Noorse sprokie:" Oos van die son en wes van die maan". Sou jy as junior bevelvoerder dan so 'n oos-wes antwoord kry, raadpleeg dan die vier winde in jou gemoed vir 'n regte antwoord. Want die hoofkwartier het jou klaar sy sprokies antwoord gegee. Hulle het nie die antwoord nie, maar druk jou vorentoe om te gaan uitvind. Soos op 13 September 1987.

Die nag van 13 September 1987 was die langste nag in my lewe. Ek wil glo dat hierdie onthou van my, ook die onthou van 189 ander lede van Bravo Kompanie en Tenk Afweer van 61 Meg Bn Gp is. Dit was tydens Operasie Modular. Ons was aangestel as die 20 Brigade Reserwe en het bekend gestaan as Veggroep Charlie. Ons was eintlik maar net 'n vegspan wat gedurende Desember 1986 gevorm was as een van die sub-eenhede. Vir nege maande het ons saam opgelei vir die oorlog wat in September 1987 sou kom. Ons mag het bestaan uit 'n gemeganiseerde infanterie kompanie (twaalf Ratel 20's met 132 infanteriste) en 'n tenk afweer peloton (agt Ratel 90's met 24 lede) met ons eschelon elemente.

Gedurende die nag van 13 September 1987 het ons as groep ons eerste vuurdoop deurgemaak. Daardie oggend sou een van ons tenkafweer groepe onder leiding van luitenant Johan Kooij saam met 32 Bataljon hulle vroeë vuurdoop deurstaan. Die aanval was gemik teen die elemente van 47 FAPLA Brigade wat reeds tot op die suidelike oewer van die Lomba Rivier deurgedring het. Met die eerste kontak, was alles in Kommandant Hartslief se guns. Vyandelike infanterie in vlak loopgrawe was nie opgewasse teen sy aanslag nie. Letterlik honderde vyand is gedood. Die vinnige oorwinnings tydens die eerste fase het ongelukkig ook tot gevolg gehad dat sy mag te wyd oor die doelwit versprei geraak het.

Die draaipunt het teen vroegmiddag ingetree toe ten minste ses FAP-LA T54-55 tenks tot die geveg toegetree het. Hierdie toetrede was onverwags en het die Ratel 90's van 32 Bn gedwing om tot teenaan die Lomba Rivier uit te wyk.Hoe nader aan die rivier se vloedvlakte hoe natter was die grond, wat vasval in die modder 'n groot bedreiging gemaak het. Die terrein was ook vol loopgrawe. Hier het twee van die 32 Bn Ratels in modderige loopgrawe vasgeval. Vyandelike tenks het oral voor in die digte bosse op die front beweeg. Die vasgevalde Ratels kon nie vuur lewer nie. 'n Derde Ratel 90 het gepoog om die ander twee uit te sleep. Met die tenks wat byna bo op hom was, moes hy uitwyk. Die bemanning van die vasgevalle Ratels het hulle voertuie verlaat. Ongelukkig het die uitwyking daartoe gelei dat die derde Ratel hopeloos in die Lomba Rivier se vloedvlakte vasgeval het. Daar het hulle in die oopte vasgesit en soos in filmbeeld die dood sien aankom. Hulpeloos en magteloos het hulle die dure prys betaal.

Met die oorblywende Ratel 90's het Robbie Hartslief die tenks onder beheer gehou terwyl Hannes Northman die onbeskadigde Ratels herwin het. Tussen die vier Ratels van Johan Kooij en die twee herwinde Ratels van Robbie Hartslief het hulle ten minste vier tenks uitgeskiet. Dit was maar die begin van die smarte. Ten minste nog ses tenks was in aantog om tot die geveg toe te tree. Dit was laatmiddag en ammunisie het begin min raak. Die enigste uitweg vir die mag was om uit die doelwit te onttrek. Op die doelwit het hulle vier Casspirs agtergelaat. Twee was buite herstel beskadig terwyl die ander twee net herwin moes word.

Van my posisie so ses kilometers weg, vanwaar ek die geveg oor die radio gemonitor het, het die situasie op 'n stadium hopeloos geklink. Waar ek en my Ratel bemanning vasgenael rondom die radio gebondel het, het my kanonnier skielik my hand gevat, en soos een man het die res ingeskakel by 'n kortstondige maar intense gebedskring. Johan Kooij en sy groep het 'n rukkie daarna by ons aangesluit. Ongeskonde van vlees, maar die gesigte het 'n ander verhaal vertel. Een van skok, ontnugtering en intense tamheid.

Om 16:00 het ek opdrag ontvang om voor te berei om in die doelwit in te beweeg en twee Casspirs te herwin en twee te vernietig. My hele vegroep moes dringend dieselaanvulling kry, waarvoor ek die hele oggend gewag het. Johan Kooij se aanvulling van diesel en ammunisie was krities. Vir deelname aan die oggendgeveg het 32 Bataljon vir Johan van net genoeg diesel voorsien vir die geveg, en hulle moes dringend ammunisie aanvulling verkry. Die eschelon met ons voorrade was ongeveer 'n uur weg van ons posisie af in aantog. Hulle het met versnelde pas met net die nodigste voertuie binne dertig minute by ons aangesluit.

Ek het my opdrag ontleed. Verwarrende teenstrydighede het my opgeval en in my gedagtes gemaal. Ek het indringend gepoog om die stukke van die legkaart bymekaar te kry. Wat het ek gemis, watter deel van die legkaart het ek nie verstaan nie? Op my navraag oor die artillerie se steun, is ek meegedeel dat hulle aan die beweeg was en dat ek geen indirekte steun kon verwag nie. Inteendeel, daar was nie eers 'n artillerie vuurbeheer koordineërder vir die ekskursie toegedeel nie.

Gegewe die tyd van die dag - alreeds laatmiddag, was dit verseker dat wat ookal voorgelê het, in nag donkerte sou moes plaasvind. Waar sou die verligting vir 'n nag geveg vandaan kom? Vanuit my eie vermoë kon ek elementêre verligting ontplooi vir minder as dertig minute. Ek het Brigade daarvan verwittig, maar is meegedeel dat dit 'n baie vinnige kortstondige ekskursie in die doelwit sou wees. Boonop, so het hulle beweer, het die vyand van die doelwit af onttrek. Hulle het geen geveg voorsien nie. In ongeloof het ek die beredenering aangehoor. 'n Geveg was reeds hoogs waarskynlik, want Hartslief se mag het dan reeds 'n uur vantevore onttrek weens ses tenks gevegsgereed in aantog as versterkings. Waarom sou die vyand die slagveld verlaat, die brughoof prysgee terwyl hulle aan die wenkant was?

Elke bevelvoerder in elke geveg bereik 'n kritiese punt van aavaarding. Daardie punt wat jou laat besef dat daar vir jou geen alternatief oopgelaat word nie. Al rebelleer jou hele wese teen die opdrag, neem jy afskeid van logiese denke. Want hoofkwartier vra nie logiese denke nie, hulle soek onvoorwaardelike uitvoering van opdragte. Net soos jy dit van jou eie ondergeskiktes verwag. Soos die Noorse sprokie "Oos van die Son en Wes van die Maan", vra jy vrae aan die vier winde binne jou verstand, en jy bou oplossings – alles in breukdele van tyd. Want al wat jy op hierdie stadium kan doen is om te vertrou dat jy die beste besluite sal neem – jy het nie 'n keuse nie. Op daardie spilpunt moet jy die alleen verantwoordelikheid vir die uitslag van watookal aanvaar. Jy onderdruk die opstandigheid in jou binneste oor die roekelose en halfgebakte wyse waarop jy jouself in 'n hopelose situasie laat inboelie.

Teen 17:30 was die mees kritiese aanvullings afgehandel en het ons met spoed na die teikenarea beweeg. Hannes Northman het saam beweeg om as gids te dien. Ons mag het die ingang tot die teikenarea teen 19:00 bereik. Dit was reeds sterk skemer toe ons deur die ou Unita logistieke basis se hek beweeg het. Voor ons het 'n donker gordyn van bosse en bome en 'n bewolkte lug gehang. Agter daardie gordyn het twee kilometers van loopgrawe, bunkers, onsekerheid en verrassings uitgestrek gelê. Sommige bunkers was met stompe en sandsakke oorhoofs gedek. Sou 'n Ratel oor een daarvan ry, sou die Ratel so diep daarin verdwyn dat slegs 'n oorwoë en tydsame poging hom daaruit sou kon bevry. Ek het geen keuse gehad oor my aanvalsas nie. Die enigste opsie was om die bestaande pad in die middel van die basis van oos na wes te gebruik. Dit was opsigself 'n groot besorgdheid, want sou die vyand my inwag, het hulle presies geweet waar. Dit was 'n risiko wat ek moes loop, eerder as om totaal beheer te verloor en in die nagdonkerte hopeloos te verdwaal. Soos wat die oggend gebeur het in helder daglig met 32 Bataljon.

Ek het my mag onmiddellik in oop formasie weerskante van die aanvalsas ontplooi. Ek het die infanterie laat uitstap. Sodoende kon ek my kwesbaarheid verminder en die Casspirs so spoedig moontlik probeer opspoor. Vier Ratel 20's geïntegreer met vier Ratel 90's aan weerskante van die aanvals as. Dus 'n voertuig front van 16 Ratels. My klein reserwe het bestaan uit vier Ratel 20's. Hulle het ook al my verligtingsbomme gedra in die vorm van 60mm konvensionele mortiere. Ons het skaars begin beweeg toe 'n baie senuweeagtige UNITA offisier my UNITA skakeloffisier in my Ratel vra oor hoe ons die tenkhinderlaag voor ons gaan oorkom. Snaaks genoeg het die mededeling my nie geskok nie. Dit was die vyand se mees logiese manier om ons teen te staan. Ons was bespreek vir 'n baie onsekere en kwesbare naggeveg. Natuurlik het ek die hoofkwartier ingelig. Miskien was hulle stomgeslaan oor die scenario wat hulle geskep het. Hulle het geen aanduiding gegee dat hulle my gehoor het of wou hoor nie.

Tydens die daaropvolgende vier ure het ons stelselmatig gesoek na die Casspirs. In hierdie tyd het ons net 1800 meter gevorder, en slegs twee Casspirs opgespoor. Elke tree vorentoe het ons nader gebring na waar ten minste ses tenks en ander wapens vir ons gelê en wag het. Miskien het die vyand werklik onttrek soos die hoofkwartier beweer het? Die antwoord het gelê iewers oos van die son en wes van die maan.

Die hele situasie het begin voel na 'n sinnelose gesoek na die twee Casspirs wat ons in die donker ontwyk het. Hoofkwartier was vasbeslote dat ons nie sou terugkeer voordat ons hulle gekry het nie. Met my verligtingsbomme ure terug al opgebruik, was ons aangewese op die Ratels se hoof ligte. My mag het geleidelik rigting begin verloor. Ek het die ernstige moontlikheid van verlies aan bevel en beheer in die gesig gestaar. Uit desperaatheid het ek die instruksie uitgereik dat die hutte en gras langs die aanvalsas aan die brand gesteek moes word. Dit was 'n baie gevaarlike opsie, want daardeur het ek my mag teen die agtergrond van vlamme afgeëts. Maar die vlamme op die aanvalsas het my mag in staat gestel om hul posisie relatief tot my eie te kon bepaal, en die formasie is herstel.

Net na 22:00 het die vyand vuur geopen vanuit hulle wel verskanste skuilplek. Die volgende drie ure het gevoel soos drie dae, en dan weer soos drie minute, soos ek terug onthou. Tenks wat skiet, Stalin Orrels in die grondrol, indirekte vuur van alle soorte en van vele kante. My linkerkantste element onder intense direkte vuur. Die verlies aan radio kommunikasie tussen die elemente links. Almal wat hulle radio's instel op my reeds oorvol radio netwerk. Almal wil rapporteer en wil instruksies hê. Die staccato gepraat van mense in duistere nood vasgevang. Dit is dan waar jou voorkant en agterkant ineenvloei met jou linker- en jou regterkant - jou bokant en jou onderkant. En alle kante lyk dieselfde. Dan weet jy dat jy jou posisie akkuraat bepaal het. Jy is sonder twyfel oos van die son en wes van die maan.

191

In die helse lawaai en deurmekaarspul het alles in my doodstil geraak. Ek kon geen ander geluide hoor behalwe my eie stem wat met akkuraatheid die infanterie honderd meter laat terug trek nie. My stem wat die tenkafweer na vore stuur. Die Ratel 90's skiet vuurgordel aksie na vuurgordel aksie. Alles het ek soos in vertraagde spoed gesien gebeur. Hulle vorm 'n speerpunt en storm in onder die lig van duisende aankomende stukke yster. Nog honderd meter terug - is al die infanterie daar? Nee, ons kort nog dertig - nog honderd meter terug. Ons kort nog sewe - nog honderd meter terug. Uiteindelik is al die infanterie verreken. Elkeen!, ons laat niemand op die doelwit agter nie.

Die infanterie onttrek sodat daar terugval spasie vir die Ratel 90's geskep kan word. Die Ratel 90's val terug, maar die vyandelike tenks volg op. Dit dwing die Ratel 90's om weer aan te val en die tenks terug te druk. Uiteindelik is die infanterie heeltemal uit die doelwit area. Die tenks begin na suid omvleuel. Die Ratel 90's vuur nou op twee fronte. Die Ratel 90's val terug, die tenks volg op. Wanneer gaan dit dan end kry? Geen verliese tot op hede, hoe lank gaan ons geluk nog hou? Hoe lank is ons al besig? Tyd maak nie meer saak nie, want tyd het 'n hele rukkie terug reeds verdwyn.

Sonder aankondiging hou die tenks op skiet. Dit is 02:00 die datum 14 September 1987. Van die eerste skoot tot die laaste skoot het byna vyf ure verloop. Ons reserwes was op 'n laagtepunt. Die ammunisie rakke was byna leeg. Selfs die adrenalien in ons liggame was snel besig om op te droog. Dit neem 'n rukkie voordat die Ratel 90's gemaklik genoeg voel om vuur te staak. Hulle beweeg in spronge terug uit die doelwit. 'n Stilte daal op die slagveld neer waar ten minste vyf tenks staan en brand.

Ons val agt kilometers terug, en verval in 'n onrustige gekwelde slaap. Vanuit die nagstilte hoor jy iemand in sy nagmerrie uitskree. Jy sien die slapende gestalte van die skildwag op 'n Ratel toring in silhoeët teen die agtergrond van die sekelmaan. Jy laat hom maar begaan en hoop dat hy nie daar sal aftuimel en sy nek sal breek nie. Die geruis van die radio's word hoorbaar soos oortromme weer aanpas na die lang intense slagveld geluide. Die reuk van 'n Esbit stofie sweef op die naglug.

Kort daarna die reuk van ratpack koffie.

Die sekelmaan verdof soos dit plek maak vir die opkomende son. Nog 'n dag is ons gegewe. Jy kruip onwillig uit jou slaapsak uit. Jy sien die son soos 'n bal van vuur op die oosterkim. Douvoordag bereken ons die skade. Hier en daar 'n ligte wond verbind, heelwat beskadigde bande, skrapnel merke teen die Ratel wande, senuwees aan flarde. Ons beskou mekaar met verwondering, asof die eerste keer. Met nuwe begrip tel ons mekaar – ons was almal daar - ongeskonde. Nege tenks uitgeskiet in die twee gevegte. Honderde vyande gedood.

Die oorlog verloop sy gang. Ons berei voor vir die volgende geveg wat sal plaasvind.

Ons weet ook presies waar dit gaan plaasvind - sonder twyfel - oos van die son en wes van die maan – iewers in Suidoos Angola.
(1987)

Klappe van die Windmeul

Vir elke ding omder die son is daar 'n beweegrede. 'n Mens kan net iets werklik begryp as jy daardie rede begryp en die denkpatroon daaragter. Soos byvoorbeeld die lewe van 'n soldaat. Die omskrywing van die term soldaat het vele gesigte. Binne die samehang van die Bosoorlog behels dit die staandemag lede, of te wel die beroeps soldaat. Dan ook die nasionale diensspligtiges wat sy jaar of twee verpligte militêre diens verrig. Sodra hy dan hiermee klaar is, word hy toegedeel aan 'n reservemag eenheid vir sporadiese diens oor die daaropvolgende tien jaar van sy lewe. Dan was daar natuurlik ook die verskeie strydende partye wat aan die vyandelike kant soldaatwees beleef het. Ek kan net namens die eersgenoemde groep my mening uitspreek. En so kan ek poog om myself en ander na dekades sedert die Bosoorlog te probeer begryp. Soos ek die invloed van daardie jare eersterangs ervaar, en sien hoe hierdie ervaring ook 'n soortgelyke langtermyn uitwerking op my kamerade het, glo ek dat die denkpatroon agter dit alles 'n emosionele een is. Dit begin as 'n fisiese ervaring, maar weens die unieke omstandighede van soldaatwees, en veral in werklike oorlog en kontak, ontwikkel dit as iets veel dieper as net plig en loopbaan.

Ek het hierdie ontwikkeling in my eie lewe ervaar as een van fases van groei. Die doel van elke lewende organisme is om te groei. Dit beteken om voortdurend verandering te ervaar, daarby aan te pas en uiteindelik te aanvaar. Dit beteken konflik van een of ander aard. Die mens word gedwing om voortdurend die plekke waar hy gemaklik voel, prys te gee, en nuwes te skep. Dit word vooruitgang genoem. Dit benodig sekerlik intellektuele kundigheid, want ons hele lewenswyse word gedryf deur die rede, die hoekoms en waaroms.

Dan begin die soldaat ander sensasies en gevoelens teenoor sy taak, sy kamerade en sy uitkyk oor die lewe in die algemeen ervaar. Dit is die emosionele dimensie van soldaatwees wat nou na vore tree. So beweeg ons dan uit die gemaksone van die rede en die oppervlakkige tot die diepere wortels van ons menswees / soldaatwees. Baie dinge wat hierna gebeur is daarop gerig om die kameraadsiel te dien eerder as die eie ek. Die hele proses vind plaas in die hoë drukkoker van oorlog en gevaar. Vir die meeste soldate vind dit alles in 'n kort tydperk van twee jaar plaas, tydens hulle nasionale diensplig. Daarna is hierdie unieke ervaring verby, en die soldaat beweeg voort op sy lewenspad, van hegte basis tot hegte basis, tot die laaste onvermydelike sprong tussen lewe en dood. Maar sekere aspekte van soldaatwees bly deel van sy menswees - tot aan die einde van sy lewe.

Sou hierdie bogenoemde veronderstelling dan elemente van waarheid in 'n mindere of meerdere mate bevat, bly die vraag - Hoe gebeur dit? Om soldaat te wees, of dit twee jaar diensplig is of permanent, vereis die ontwikkeling van 'n unieke uitkyk. Hierdie uitkyk strek baie verder as dissipline en die ander bykomende faktore wat die lewe beïnvloed, ten goede of ten kwade. Seker die vernaamste oorsaak of gevolg, afhangende vanuit watter rigting mens dit beskou, is die bewuswording en aanvaarding van abnormaliteit binne die normaliteit. Van kleins af word ons voorberei om die natuulike ding te doen, naamlik om ons eie te beskerm. Dan bereik ons weermag ouderdom, en ons word geleer om die onnatuurlike ding te doen. Ons is dan in 'n roeping om mense dood te maak. Hierdie teenstrydigheid is in soveel harmonie saamgeknoop dat ons nie die verskil kan beskryf nie. Ons kan dit slegs onderskei as twee fasette van dieselfde ding. Ons ervaar 'n ineengeweefde teenstelling binne ons natuur. Dit veroorsaak innerlike konflik.

Gedurende daardie eerste twee jaar word die soldaat geleer om deel van 'n groep te wees. Die groep is die kern van alles. Die enkeling verdwyn geleidelik. Al die ander vaardighede wat ons aanleer soos om die geweer te hanteer, is tegniese vaardighede. Of hoe om die vyand aan te val, dit is taktiese vaardighede. Maar om hierdie vaardighede binne die groep, as deel van 'n groep, of 'n groep wat deel vorm van groter groepe te kan beoefen, vereis emosie. Daardie aanvoeling vir mekaar wat soldaatwees uniek maak. Daardie broederskap waarvoor elk sy lewe vir die ander een sal gee. Dit is 'n ongelooflike sterk emosie. Gegewe die veronderstelling, kan mens dan tot die gevolgtrekking kom dat soldaat wees primêr 'n emosionele reis is. Aanvanklik begin dit as net 'n losse samevoeging van individue. Elkeen doen sy eie ding, en het nie veel van 'n saak met die ander in sy groep nie. Gedurende basiese opleiding word die peloton in 'n groep saamgesnoer deur ongenaakbare streng dissiplinne. Geleidelik dring dit deur dat dit makliker is om vrywillig saam te werk, as onder dwang. Hulle begin maniere sien om dit te bewerkstellig.

Dan is die eerste stap van 'n emosionele liggaam wat vorm aanneem voltooi. Almal organe wat die hele liggaam affekteer as een sou skade ly. Elkeen begin sy eie waarde meet aan die van die ander binne die groep. Die groep kry eers werklik momentum wanneer die seksieleiers so ses maande na aanmelding van kursus af terugkeer, en by hulle seksies aansluit. Die seksieleier handhaaf die norme en heg die skakels van die ketting aanmekaar. Hy smee en bind die seksie saam sodat hulle vertroue in mekaar ontwikkel. Dieselfde siklus herhaal homself wanneer die nuwe leiergroep aan die einde van daardie jaar by hulle pelotons aansluit. Dit is dan ook gewoonlik die jaar op die grens. Dit vat 'n tydjie voordat die nuwe luitenant of pelotonsersant hulself gevestig het. Dit verloop gewoonlik sonder haakplekke, want die vorige leiergroep wat uitgeklaar het, het tot 'n groot mate reeds die peloton saamgeweef. Die peloton is nou 'n saamgeweefde doelgerigte groep. Nie net 'n klomp gewere en uitrusting nie, maar 'n gees van emosie, vriendskap en omgee.

En so begin grensoperasie na grensoperasie gedurende die tweede jaar. Die omstandighede is moeilik, maar die groep se aanvaarding en begrip vir mekaar maak dit draaglik. Die privaat spasie tussen individue verklein en verdwyn heeltemal. Hulle sit vir dae lank ingepak soos sardientjies in 'n Ratel. Dit pla nie meer nie. Water vir higiëne is min. Die liggaamsreuke binne die Ratel raak oordonderend. Maar dit maak nie meer saak nie, want almal stink, so niemand stink nie. Om enigiets te kan onderskei, moet daar 'n kontras wees. Dit geld vir reuke en vir emosie. Soos die reuke saamsmelt en saamweef, so ervaar hulle ook die emosionele band. Hulle ervaar 'n siel waar sintuiglike waarneming van ruik en sien en proe deur een sintuig gedoen word. Die kameraadsiel.

Alles vloei ineen. Hulle deel spontaan slaapgerei, eetgerei en dies meer. Hulle deel mekaar se stof en sweet en stink asems. Hulle raak nie meer vies vir mekaar nie, want hoe kan jy vir jou eie liggaam vies raak? Hulle raak nou hegter as broers. Die spanning tydens gevegte word draagliker omdat hulle in elke opsig op mekaar kan leun. Deur lang maande in die bos deel hulle mekaar se intiemste geheime. Om dan mekaar se rûe te was onder die stort, of om met jou kop op iemand se skoot te lê, word die natuurlikste ding onder die son. Dit alles, die pols van die lewe, en die skielikheid van die dood, word 'n intense emosionele ervaring. Die groep raak emosioneel interafhanklik van mekaar, meer heg as enige ander band wat hy ooit ervaar het of ooit sal ervaar. Die bande is uniek aan soldaatwees en word intens ervaar.

Dan op 'n goeie oggend is dit alles skielik verby. Die groep klaar uit en keer terug na die siviele lewe toe. Almal is bly. Maar die meeste ervaar 'n diepe gevoel van verlies. Sou die individue nog boonop as deel van sy groep herhaaldelik aan ernstige trauma blootgestel gewees het, ervaar hulle 'n ernstige verlies aan 'n emosionele kruk. Sy makker wat altyd verstaan het, wat dieselfde gevoel het as hy, is nou nie meer daar nie. Hy voel dat sy familie geen begrip vir hom het nie. Boonop mis hy die opwinding van adrenalien in die aanloop tot die geveg, die sielsabsorberende intensiteit van die geveg, en die broe-derskap daartydens en daarna. Hy voel hy word omring deur "ongevoelige mense wat nie verstaan nie, nie wil verstaan nie".

Dit alles gebeur gesamentlik met 'n tweede krisis in sy lewe. Hy word nie meer gereguleer nie, hy moet nou sy eie reëls stel en nakom. Niemand wat hom opjaag of aanjaag nie, hy moet dit self doen. Sy kos en klere en lewensbehoeftes word nie meer verniet gegee nie. Hy moet nou 'n werk soek in oor die algemeen vyandige werksomgewing. Party vind gou hulle voete, ander vat langer, en nog ander lei vir die res van hulle lewens weens verkeerde besluite aan die begin van hierdie fase geneem. Maar weereens is dit die emosies wat moet aanpas, meer as enigiets anders.

So vind elke individu geleidelik sy eie paadjie. Regdeur die res van sy lewe moet hy uitdagings konfronteer. Hy leer nuwe selfhanteringmeganismes aan. Maar sou hy die grens fase nie op 'n gesonde wyse ontgroei nie, dan dra hy 'n blok om sy been. Hy probeer weer aktief raak in groepe om die behoefte aan broederskap te ervaar. Maar dit is nie dieselfde nie. So baie dinge is en sal nooit weer dieselfde wees nie. Dit is dus nog steeds meer 'n emosionele ervaring as 'n fisieke een. Hy word gekonfronteer met 'n nuwe politieke bestel. Al sy opofferings en die van sy voorgeslagte blyk alles tevergeefs te wees. So beweg hy die klappe van die windmeul, maak sy kinders groot, skei, trou weer. Drink meer, of drink minder. Alles 'n normaliteit van abnormaliteit wat sterk leun op die twee jaar in die weermag.

Dan betree hy die veterane fase. Die poletiek het hom geknou. Hy is nie finansieel voorberei vir aftrede nie. Om te oorleef moet hy aanhou werk, maar hy kry nie werk nie. Die gevoel van nutteloosheid neem toe. Hy blameer almal behalwe homself, om dan weer homself te blameer en ander van blaam vry te skeld. So poog hy om wipplank te ry met homself op albei kante van die wipplank. Hy begin homself afvra waar dit alles verkeerd gegaan het. Hy beleef elke terugblik met emosie. Hy beweeg terug op sy lewenspad en begin die speletjie speel van "as dit sou gebeur, dan sou dat". Vasgevang in 'n nuttelose ontleding wat niks kan verander nie, verval hy in depressie. Hy beleef weer die trauma van die oorlog en wonder of dit werklik Post Traumatiese Stres is. Want 30 jaar terug was daar nie so iets soos PTSD geïdentifiseer nie. Hy voel alleen en verstote. Hy verlang intens terug na sy oorlogsmakkers. Hoe dit eens was, sonder komplikasies.

Stelselmatig besef hy dat die PTSD behandeld of onbehandeld sy merk gelaat het. Hy weet ook dat hy nie suiwer daarop kan terugval nie. Hy weet diep binne in homself dat sy werklike probleem ontoereikende lewens selfhanterings meganismes is. Hy ervaar dit as onverwerkte trauma, terwyl dit in werklikheid 'n emosionele reis na die verlede is om oorsake te soek. Soms alibi's, verskonings en verklarings te soek. Dan ervaar hy stres en angssimptome en verval in magteloosheid wat alle afgeleerde negatiewe gewoontes weer trigger. 'n Sameflansing van wat was, hoe dit is, en hoe dit kon wees. Ineengeweef. Soos alle oorlogsveterane dit beleef. Dit is waarom die gevoel oor oorlog net beskryf kan word in die kwaliteit van emosie wat mens daarin kan vasvang.
(1995)

Rand Eiers

Hierdie verhaal is gegrond op 'n werklike gebeure tydens 1983. Ek het baie groot respek gehad vir beide Saul en Len, omdat ek so goed kon verstaan oor boelies in my eie lewe. Boelies kies altyd die per-soon Len. Die woordskets is in 'n brief formaat soos ek dit in breë trekke opgetel het uit een van die peloton troepe se uitgaande briewe.

Liewe Pa en Ma

Baie dankie vir die lekker tyd op my eerste pas. Dit was so lekker om te kon weet dat julle my gemis het. Ek dink ek het julle meer gemis as julle vir my. Daar is baie ander saam met my in die kaserne wat baie meer geld het as ons. Maar as ek so na hulle luister na ons van die pas af terug gekom het, dan klink dit nie vir my asof hulle so 'n lekker pas gehad het soos hulle wil voorgee nie. Hulle vertellings is maar aange-plak, en vertel nie regtig 'n vreugde verhaal nie. Dit het my net weer laat bly voel dat ek op Verkeerdevlei kon grootword, want met ons vlei is daar niks mee verkeerd nie. Die wintersaande rondom die koolstoof, die lekker saamsing, dit alles was beter as die restaurante waarvan die ander praat. Hulle sal nie verstaan van voor daai koolstoof saambondel saam met 'n kassie vol met half verkluimde klein gansies nie.

Maar so gepraat van die gansies, ek weet nou dat daar nie net by ons ganstroppie randeiers is nie. Ek het in die army gesien dat daar rand-eier mense ook is. En soos ons randeier gansies, het hulle ook vreem-de maniere om hulself te handhaaf. Kyk nou maar na ons peloton ser-sant, korporaal Bester. Dit is asof hy lekker kry om mense te verneder en seer te maak. Natuurlik moet hy ons dissipline leer, maar om almal te behandel asof hulle uit die varkhok op oom Stefaans se plot kom. Wel, dit is nie reg nie. Hier saam met my in die kaserne is ook twee an-der randeiers. Albei stil en eenkant. Hulle is van ander soort randeiers as korporaal Bester.

Saul is groot, amper 'n reus, met al die tekens van swaarkry en harde hande arbeid op sy liggaam. Dan is daar Len, 'n klein ou seuntjie skaars sestien, met 'n tipiese oumensgesiggie, minder as die helfte van Saul se grootte. Hulle was nooit vriende nie, was nie eers in dieselfde seksie nie - tot nou die ander dag. Korporaal Bester het hierdie twee uitgesonder vir vernedering en straf. In sy oë kon hulle niks reg doen nie. Die res van ons ander het dit nie eintllik makliker gemaak nie. Op 'n manier is mense soos wildehonde. Kry die een seer, sal almal na 'n geleentheid soek om ook 'n hap in te kry. En hierdie swakheid van ons menswees is korporaal Bester se sterkste wapen.

Ek voel eintlik skaam om hiervan te vertel. Hoekom het ek nie dit wat ek kon sien aan die ontwikkel was gestop nie? Was dit omdat ek bang was om ook een van die randeiers te wees? Maar dit het so gebeur. Ons was die dag op die skietbaan. Len het sy vuil dixie onder die kraan langs die skietpunt afgespoel. Blykbaar is dit doodsonde volgens Bester reëls.

Ons hele peloton is deur hom rondgejaag en afgeransel. Soos dit Bester se manier was, was Len nie deel van die straf nie - maar eerder die teiken van die straf. Len moes eenkant staan en hande klap en ons luid aanmoedig in ons leed. Bester se boodskap, sonder dat hy dit openlik gesê het, was duidelik: "kyk wat het julle maatjie julle nou aangedoen, sort hom uit! " Len se doppie was geklink en hy kon net vermoed wat aan die kom was.

Daardie nag toe vier troepe van sy seksie nader aan sy bed sluip, was Len wawyd wakker Dit was seker so 'n uur na ligte uit. In sy geklemde vuis onder die kombers, het hy sy strykyster vasgehou. Hy was reg vir hulle. Toe die aanval kom, het hy soos 'n styfgespanne veer orent geskiet en in die bondel begin slaan. Hy het soos 'n tier geveg en 'n paar lelike knoppe aan die skaduwees om en oor sy bed toegedien. Die oormag was te groot en die speelveld te ongelyk - hy was vasgepen. Maar sy teenaanval was onverwags endit het 'n paar gevoelens onnodig laat oorloop. "Kom ons gaan versuip die klein misgewas in die kakhuis" het 'n stem te midde van 'n aanmoedigende gemompel gesê.

So is Len dan na die toilette aan die onderent van die kaserne gesleepdra terwyl sy maer lyfie soos 'n oorspanne motor veer weerstand probeer bied. Die lawaai het intussen ander toeskouers gelok en so is die hele spul saamgebondel deur die swaaideure: "om die misbaksel tussen sy eie drolle te laat swem" Tydens die hele episode het Len nie 'n woord geuiter nie, net in een onverwagse oomblik sy vuis in een van sy martelaars se gesigte laat ontplof toe dié sy greep effens verslap het om by die nou deur in te skuif.

Dit kon nogal onaangenaam geraak het. Maar vanuit die donkerte van die kaserne, het ons, die toeskouers skielik plat op die vloer beland. Saul het toegesak op dié wat besig was om Len na die naaste toilet toe te sleep. Len was skielik bevry van sy aanvallers . Hy het alleen op die vloer gelê. Sy self aangestelde hof se liggame het soos vrot velle rondgetrek. Luide vloeke is rondgeslinger. Toe Len begin fokus oor wat aan die gebeur was, het Saul wydsbeen oor hom gestaan. Sonder 'n woord het Saul sy hand na Len uitgesteek, en hom opgetrek. Toe het hy omgedraai en net sy groot voorvinger vir 'n oomblik in die lug in die rigting van die res laat hang, so asof hy iets wou sê - maar hy het nie. Toe het hy net stil omgedraai en Len uitgelei na die slaap gedeelte van die kaserne. Sonder verdere voorvalle het Len se martelaars een vir een na elk sy eie bed gesluip, en na 'n tydjie het die gefluister in die donker geleidelik vervaag en is deur snork geluide vervang.

Die volgende oggend was geen woord oor die voorval gerep nie, net hier en daar 'n onderlangse gemompel. Inspeksie voorbereidings en ontbyt het vir ons peloton sonder die normale lighartigheid en skerts verloop. Die uiterlike kneusplekke en die skaam gevoel binne ons gemoedere, het sy stempel op die dag afgedruk. Tydens inspeksie het Bester met sy gewone wraaksugtigheid opgemerk: "Ek glo dat die maatjies wat van die wa af was, nou weer mooi op die wa is." Hy het geen antwoord ontvang nie. Hy het tydens aantreeparade soortgelyke opmerkings gemaak, soos hy probeer het om uit te vis wat gebeur het. Aan die kneusplekke aan sommige van die peloton kon hy sien dat iets gebeur het. Die afsydigheid van die troepe voor hom het hom van stryk gebring. Hy kon nie veel wys word uit die ontwykende blikke en die ver gestaar teen die helling aan die suide kant van die basis nie. Ons het daai rant bekyk asof ons dit die heel eerste keer gesien het.

Ons kaptein het op sy eie manier seker maar besef dat twee siele wat mekaar verstaan bymekaar hoort. Want na die voorval is Len oorgeplaas as die nommer twee van ons seksie se masjiengeweergroep. Hierdie verplasing het nie eintlik sin gemaak nie, want dan sou Len al die swaar geweerbelde van die masjiengeweer moes dra, want Saul dra die masjien geweer. En Len was maar klein vir hierdie taak.

Maar weet pa, ek voel klein oor dit alles. Ek dink nou al dae lank oor dit wat my pla oor die hele storie. In 'n seker sin is ons almal maar randeiers wat 'n warm plekkie soek onder 'n koolstoof op 'n plot in Verkeerdevlei. En partykeer het elke mens 'n Saul in sy lewe nodig.

Lief vir julle almal

Seun.
(1984)

Uitreiking

Uit gesensoreerde briewe 1984.

Liewe Ouers

Ek is baie bly om nog gesond te wees om vir julle te kan skryf. Nee Ma, ek is nie spyt dat ek as tokkelok opgeskop het nie. Net indien Ma weer wou vra. Die lewe het sy eie gang, vir elkeen van ons. Ek wens ma wil dit ook so aanvaar. Eergister het die postrok aangekom met briewe en pakkies. Dankie veral vir daardie pakkie gedroogde anysbeskuit, net soos ma dit kan doen. Ons is reeds ver anderkant Alberton (pa sal weet wat ek bedoel). Ek moes daai anysbeskuit beskerm teen die ander. Elkeen van my bemanning het darem een stukkie gekry.

Die afgelope drie weke was nie maklik nie. Niks om julle oor te bekommer nie. Maar gister was nogal swaar. Die vyand se lugmag het ons opgespoor. Eers soos muskiete in die lug rongedraai op 'n hoë hoogte, en toe skielik was hulle weg. Maar later die middag vanuit die niet, was hulle skielik daar. Nie meer muskiete nie, maar arende, gelaai om ons te vernietig. Ek kon die bomme onder die vlerke sien. Gelukkig het daardie bomme so twee kilometer weg van ons geval.

Mens voel so magteloos as dit gebeur. Ons majoor het later die aand ons offisiere by sy Ratel bymekaar gekry en baie saaklik die situasie opgesom. Ons was gelukkig om die bomme vry te kon spring. Toe die ordergroep verby was het ons weggebuk onder die kamoefleurnet uit. Maar iets het my gehinder. Die "ou man", soos ons die majoor maar agter sy rug noem, al is hy seker net so agt jaar ouer as ek, het my aan pa laat dink. En het gedink aan ma se anysbeskuit wat ek nog van oor gehad het, en hoe daardie beskuit altyd vir pa beter laat voel het as dinge skeefloop.

Tydens die oggend ordergroep was daar 'n meer ernstige atmosfeer. Dit was asof ons in 'n paar dae groot of miskien groter geword het, en verder begin dink het. Ons sou die dag in die skuilplek deurbring. Die

Ratels het onderhoud nodig gehad na dae in die modder en bosse. Dit was vir 'n slag lekker om net te kon laaglê en rus. Dit was tot so elfuur se kant, toe pak 'n onrustigheid my, sonder rede. Ek kry toe 'n bevlieging om oor te stap na ons majoor se Ratel. Met die laaste van ma se beskuit in die hand is ek toe soontoe.

Ek het maar huiwerig met my veldstoeltjie onder die kamoefleernet ingebuig. Ek het geweet ek gaan uit my plek uit voel. En ek het! Die majoor het vraend van die kaart af op sy skoot opgekyk. Ek het gegroet en toe die majoor my steeds vraend aankyk, kon ek net ongemaklik rond trap. Ek het skielik nie geweet wat om met my voete aan te vang nie. Hy kon seker my verleentheid opmerk, want met 'n ligte wenk van sy oë, het hy my genooi om te sit.

"Ek het sommer net die behoefte gehad om 'n bietjie te gesels" het ek gesê en my stoeltjie oopgeslaan. "Dit is, as Majoor tyd het" het ek effe verwilderd bygevoeg. Ek kon voel hoe 'n blos teen my nek opstyg. Sou hy nie dalk dink ek is voorbarig nie: " Ek kon darem 'n paar stukkies van my ma se anys beskuit red. My pa hou baie daarvan. Gedag ek sal dit graag met Majoor wou deel". En toe voeg ek lomp by "As majoor nog van daai regte koffie het". Dit was voorbarig, en ek het gewens ek kon maar liewer pad vat.

Die majoor het sy kaarttas toegevou, en dit langs sy veldstoeltjie neergesit. Ek het innerlik 'n sug van verligting geslaak: "Die oukêrel gaan my nie verjaag nie", het ek gedink. Ek het breedweg oor my peloton gesels en al die regte antwoorde gehad oor die dinge wat ek gedink het hy sou wou hoor. Die gesprek het geleidelik verby die oorlog beweeg in die rigting van my familie by die huis. Dit was so lekker om met hom oor julle te kon gesels. Al die verlang het sommer vanself by my mond uitgeborrel. Ek het hom vertel van die plaas, van my honde en die skou.

Hy het die kompanieseiner nader geroep: "Maak vir my en die luitenant elkeen 'n firebucket koffie, van die regte koffie in die trommel, nie ratpack koffie nie". Die seiner het effens verbaas gehuiwer, en toe die bottel Nescafé uit die trommel gehaal. Sy bemanning het al die majoor se nukke en grille geken. Dit was die majoor se persoonlike voorraad en hy het dit nie maklik met ander gedeel nie.

Ek het my firebucket by die Ratel uitgespoel en onderlangs aan die seiner gefluister: "Die oukêrel gaan wragtig vir my koffie aanbied – van sy spesiale koffie." Ek het amper plegtig die firebucket koffie uit die seiner se hand geneem en die aroma van die koffie ingesnuif. "Dankie Majoor", het ek opreg gesê. Die reuk het my sommer skielik met rente laat huis toe verlang. Saam het ek en hy ma se laaste beskuit verorber. Die gesels, die koffie, die beskuit, ag sommer net lekker. Ek moet byvoeg dat ek die meeste van die geselswerk gedoen het. Hy het net aanmoedigend gesit en luister. Dit het amper gevoel asof ek met pa self gesels daar waar ons visvang langs Rietspruitdam.

Ek sou die heel dag so kon aangaan, maar ek wou nie 'n oorlas van myself maak nie. Ek het my firebucket by die Ratel gaan uitspoel en myself verskoon met:"Ek dink ek moet gaan kyk wat daardie rakkers van my mee besig is". Met my veldstoeltjie oor een skouer en my R4 oor die ander, het ek hom gesalueer en was op die punt om onder die skadunet uit te buk, toe 'n gevoel my keer. So asof ons 'n nuwe begrip na mekaar uitgestuur het. Ek het vir 'n oomblik na hom gestaar, en al waaraan ek kon dink om te sê was "Dankie vir die koffie majoor". Toe buk ek onder die net uit. Toe draai ek weer om en se net:"Baie dankie". Ek kon sien dat hy geweet het dat die tweede dankie niks met koffie en beskuit te doen gehad het nie. Hy het met 'n opregtheid gesê: "Kom weer".

Toe ek daar wegstap was daardie aaklige knop wat die vorige dae in my maag was net weg. Vir die eerste keer in drie weke. Die dag het sommer weer mooi gelyk, al was dit oorlog. Maar weet Pa, ek het skielik besef dat rang onderskei mense van mekaar. Maar dit skei nie die feit dat ons verby die rang steeds intens mens bly nie.

Liefdegroete

Seun
1984

Die Majoor se weergawe:

Toe hy so onverwags onder die skadunet inbuk, het hy versekering kom soek. Ek kon nie help om 'n gevoel van toegeneentheid jeens die jonger man te ervaar nie. Dit was vir my duidelik dat die luitenant nie kom oorlog praat het nie, want hy het nie sy kaart tas saamgebring nie. Hy wou net gesels. Hy het met gemak oor sy familie en die familieplaas gesels. Sy passie oor rasegte Duitse Herdershonde, sy planne vir die toekoms, vol entoesiasme en sprankel. Dit alles het verfrissend en aansteeklik op my ingewerk. Ek het verwonderd gedink dat ek baie lanklaas so rustig gevoel het.

Ek het meestal net geluister en hom sit en betrag oor die beker koffie, asof ek hom die eerste keer sien. Snaaks, het ek gedink, vanoggend was hy net een van die luitenante. Nou sien ek hom as die mens agter die uniform. Die kort bruin hare wat weerspannig kort krulletjies vorm, sonder om kroeserig te wees. Iets in die openlikheid van die jong man het my vreemd geraak. Ek kon dit nie raak vat nie. Was dit my eie behoefte aan ge-sels, mens tot mens? Of die gevoel van waardering dat die luitenant sy hand van vriendskap probeer uitsteek het, oor die grense van rang en senioriteit.

Die gesig voor my. Die breë voorkop met die spits neus wat oorgaan in die vol mond met die kepie in die ken. Die effe baard stoppels op die ken. Die rustigheid van die stem en die oë , soos hy voort vertel van die landbouskou. Dit alles het ek sit en beskou oor my beker koffie. So intens het ek die gesig voor my sit en bekyk, dat daar 'n stilte geheers het toe hy klaar sy storie vertel het. Sy vraende blik het my onkant gevang. Hy het sy laaste bietjie koffie uit die firebucket gedrink met sy kop agteroor. Sy adamsappel het ritmies maat gehou met sy laaste slukkies koffie. 'n Dik blou aar het teen sy nek op gekronkel tot waar dit verdwyn onder sy ken.

Ek was half spyt toe hy vertrek. Met verwondering het ek besef dat die oorlog geneig is om van ons robotte te maak. Sonder dat ons werklik meer uitreik oor die grense van rang en senioriteit. Die verdomde oorlog!

'n Klem om die Nek

Uit gesensoreerde briewe 1983.

Die volgende twee woordsketse is gebasseer op 'n insident wat plaasgevind het in 1984 in Sektor 10. Dit is bedoel as 'n Metafoor oor kleinwees wonde wat nie maklik heel nie.

Beste Pa

Dankie vir die pakkie. Die biltong is lekker droog en gelukkig het die ander nog nie daarvan uitgevind nie. Dit behoort 'n rukkie te hou. Dit lyk darem uit pa se brief of alles goed gaan by die huis. Ek kan goed begryp dat die hartseer en alleenheid vir pa soms te veel raak. Ek self kan nou nog nie heeltemal vrede maak met die gedagte dat ma vir altyd weg is nie. Die dood in enige vorm is so finaal. Elke mens se eie seer is seker maar vir jou die seerste seer, meer seer as die ander sin. Partykeer voel ek soveel woede binne my teenoor die army, en sommer alles, omdat ek nie daar kon wees toe julle my die nodigste gehad het nie. Maar dan gebeur daar iets soos hierdie week, en dan is mens dankbaar vir die klein dingetjies. Dankbaar vir die kapelaan wat vir my 'n pas kon reël vir ma se begrafnis.

Maar Johan wat saam met my in 'n tent is, was nie so gelukkig nie. Hy is maar 'n eenkant mens en het nooit oor sy familie gepraat nie. Mens kan maar sê ek is sy enigste vriend. Hy kom nie met die ander ouens oor die weg nie. So eenmaal 'n maand ontvang hy 'n brief, wat hy dan doer eenkant teen die basis se wal gaan sit en lees het. Vir dae daarna was hy dan stiller as gewoonlik. Hierdie week was dit weer so, behalwe hierdie keer het hy twee briewe ontvang. Een van sy oom af, wat dié blykbaar moet skryf oor een of ander boedelbepaling. Dit het ek ook maar Maandag eers uitgevind. Die tweede brief was van 'n predikant af. Dit was so ongewoon dat hy nog seker vir tien minute net daar bly staan het, alleen met 'n vreemde uitdrukking op sy gesig. Die tweede brief verskeie kere in sy hande omgedraai, asof hy wou seker maak dat dit regtig sy brief is. Anders as gewoonlik het hy teen die boom langs die paradegrond gaan staan en die oom se brief oop-geskeur. Waar ek hom vanaf 'n afstand beskou het, kon ek 'n rilling deur sy lyf sien trek. Sy oom het hom saaklik meegedeel dat sy ma drie weke vantevore oorlede is, en daardie selfde week nog begrawe is. Die dominee se brief het dieselfde boodskap gedra, net in sagter woorde. Hy het sy meegevoel uitgedruk, en sy spyt dat hy eers op die begrafnis uitgevind het dat niemand vir Johan laat weet het van sy moeder se dood nie. Hy het 'n kort beskrywing gegee van die klein begrafnis.

Daar het iets sigbaar in Johan gebreek. Mens kon dit byna hoor – die knakgeluid. Hy het op die grond gaan sit en skor uitgeskree met 'n baie-baie diep droefheid. "Kon die bliksems my nie net laat weet het nie!" Dit was die rouste rou wat ek nog ooit in 'n mens gesien het. Op daardie selfde oomblik het een van die ander kompanies se korporaals om die hoek gestap gekom. Sonder om te verneem waaroor dit gegaan het, het hy dadelik kwetsend geraak: "Wat de donner gil jy so, en dan sit jy nog en pis deur jou oë ook". Dit wat daarna gebeur het was so vinnig, dat ek later nie mooi kon onthou wat die presiese verloop van die gebeure was nie. Toe ek deur die omstanders beur, wat vinnig nadergekom het, was dit nie 'n mooi gesig om te aanskou nie.

Johan het wydsbeen oor die korporaal se borskas gesit en blinde hou na blinde hou in dié se reeds stukkende gesig geplant, terwyl hy snikkend aanmekaar mompel: "bliksems bliksems!" Die gevolg sou seker erger gewees het as Johan se aandag nie verdeel was tussen sy aanslag op die korporaal, en so vyf ander wat hom probeer aftrek het nie. Hy het met bomenslike krag hulle van hom af weg geslinger. Ek het gehoop hy sou na my luister en het hom in 'n stewige nekgreep beetgekry, en met my mond teen sy oor kalmerend vir hom gese: " Los dit Johan, wat doen jy nou". Hy het nie probeer om my af te weer of om na my te slaan nie. Met my arm nog steeds in 'n ligte wurggreep om sy nek, het hy gewillig opgestaan. Ek het hom tent toe gevat. In die tent se ingang het alle krag en weerstand skielik uit sy liggaam verdwyn. Hy het op die vloer gaan sit en net verwese voor hom uitgestaar.

Gelukkig is ons luitenant 'n wyse mens. Hy het die res van die omstanders verwilder, en nie verder aan Johan getorring nie. My net aangesê om Johan by die medics uit te kry. Johan se hande was dik geswel en het gebloei. Saam is ons twee medics toe, waar hulle hom 'n kalmeer inspuiting gegee het en sy hande verbind het. Ek het die twee briewe wat hy na my toe uitgehou het, in my broeksak gedruk, want hy het aangedring dat ek dit moes lees. Ek is daarna na die majoor se kantoor waar ek verslag moes doen. Ek het die briewe uit my broeksak gehaal en dit vir hom gegee. Hy het stilweg die twee briewe gelees. Soos hy lees het 'n spiertjie in sy linkerwang gespring. Hy het dit daarna aangegee na ons kompanie samjoor.

Die samjoor het besluit dat ek en Johan in een van die leë tente moes intrek vir die aand. Daar was aandrang van die ander kompanie vir arrestasie, boeie en onmiddellike afvoer. Die gemoedere in die basis het maar hoog geloop. Maar Pa, Maandagaand terwyl ek en Johan saam in die afsonderingstent lê, toe begin hy praat . Eers half stotterend en toe begin sy verhaal ontvou. 'n Lang verhaal van nêrens hoort nie, van afknou, van wonde op 'n klein seuntjie se gemoed wat nooit letsels geword het nie. Soos die wonde in sy kleinwees gebloei het, so het dit gebloei Maandagaand.

Ek glo dit was die eerste keer in sy lewe wat hy met iemand daaroor gepraat het. Later die aand het hy ingesluimer en toe sy asemhaling egalig oorsit in 'n ligte snork, het ek opgestaan om die lig af te skakel. Maar voor ek die skakelaar ge-druk het , het ek hom beskou waar hy op sy heup gedraai het in 'n fetus posisie, met sy duim in sy mond. Net 'n agtien jaar oue baba vir wie die seer diep binne in te veel geraak het! Ek het nog lank in die donker gelê en dink aan wonde op die gemoed. En ek was so dankbaar dat die Here my sulke ouers soos julle gegee het. En toe vir die eerste keer sedert ma se dood, kon ek myself uithuil - myself aan die slaap huil.

Voor ek aan die slaap geraak het, kon ek net 'n klein stukkie van die seer in 'n ander mens verstaan. Dit is toe dat ek onthou het wat oupa altyd gesê het:"Loop in daardie man se mielieland en dra sy stewels. As jy dan deur sy oë sien, sal jy deur sy ore hoor en met sy hande voel en met sy neus ruik. Dan sal jy hom eers regtig verstaan".

Johan is vanoggend weg Ondangwa toe. Miskien het die army ook 'n rukkie in sy stewels geloop. Hy gaan huis toe. Weet Pa wat my nogal diep geroer het? Toe hy kom groet in ons tent, gryp hy my skielik met 'n vernynige armklem om my nek. Ek kon nie roer nie. En toe sê hy die eenvoudige woord :"Dankie". Ek gaan vir Pa sy verhaal vertel in die volgende brief.

Groete

Seun
(1983)

'n Druppel Gal

Beste Pa

Sedert Johan so twee weke terug weg is het alles hier bedaar. Ek mis nogal die ou want in 'n sekere sin het hy vir my soos 'n broer begin raak - veral nadat hy sy storie daardie aand in die tent aan my vertel het. Ek het baie oor sy vertelling gedink sedert hy weg is. Soos ek Pa belowe het, hier is sy verhaal.

Johan was gebore in 'n klein dorpie iewers naby Kimberley. Ek dink nie die plekkie se naam kom eers in die telefoongids voor nie. Toe sy ma nog baie klein was, het een of ander epidemie die gemeenskappie getref. Sy het die koors oorleef maar het 'n ernstige verstandelike knou oorgehou. Sy was nie 'n dom kind nie en kon op vier jaar al goed lees. Na die siekte het alles verander, en teen skoolgaande ouderdom, het haar pa besluit dat skoolgaan 'n vermorsing van tyd en geld sou wees. So het sy opgegroei in haar eie beskermde klein wêreldjie. Toe raak sy verwagtend op ouderdom van vyftien met Johan. Die gemeenskap het eers daarvan bewus geraak toe sy op vier maan-de ernstig begin wys het. Of sy hoegenaamd geweet het hoe sy in die toestand beland het, was te betwyfel. Of miskien het sy, want as sy daaroor uitgevra was, het sy net geglimlag en met haar hand oor haar buik gestreel.

210

Een van die gemeenskappie se mans was dit waarskynlik nie, want dan sou sy hom onthou het. Toe het iemand die groot vragmotorbestuur-derbestuurder onthou wat een aand op die dorpie oornag het. Hy het gewag vir 'n onderdeel wat die volgende dag deur sy maatskappy vir hom afgelewer sou word. Niemand kon egter enigiets van waarde onthou wat opgevolg kon word nie. Net dat hy die nag met sy trok onder die bloekomlaning naby die plotte geslaap het en vroeg die oggend weer gery het. Die identiteit van Johan se pa was nooit opgelos nie. En soos dit op klein gemeenskappies gaan, was die voorval 'n ruk lank onder beskindering. Toe het een of ander nuwe skandaal die dorpie getref, en was die vorige een ou nuus. Een ding het egter bly vassteek. Die etiket van sy ma se geestestoestand, en dan natuurlik die onverklaarde swangerskap. Hierdie stigma het Johan se hele lewe beïvloed.

Sy oupa en ouma is kort daarna oorlede, en Johan en sy ma het op die genade van die oudste broer onderdak en kos gekry. Dit was moeilike tye en Johan se oom het dit ook nie breed gehad nie. Vir die oom was die twee 'n skande en 'n las. Hy moes dit verdra omdat hy weens een of ander testament bepaling, nie van hulle ontslae kon raak nie. Maar sy ma het hom instinktief versorg met 'n liefde en beheptheid, wat soms by sulke mense voorkom. Hy was die middelpunt van haar klein wêreldjie en ook haar enigste vriend. Johan was nie dom nie. Hy het 'n ding vinnig gesnap. Hy moes van baie kleinsaf al sy plek op die plot volstaan met hout aandra, en die ander take wat tipies van 'n plot is.

So het sy voorskoolse jare verbygegaan en was dit nie vir ou Dominee Fouche se intrede nie, sou hy waarskynlik nooit die binnekant van 'n skool gesien het nie. Toe hy na die plaas skooltjie twintig kilometer verder moes gaan, was sy ma gebroke. Sy het soos 'n tierkat baklei toe hulle hom na die skool busstop langs die hoofpad toe gevat het. Sy was wild van verdriet. So het dit dan vir die eerste maand ge-gaan, todat dit tot haar deurgedring het, dat hulle hom nie wegvat van haar af nie, maar dat hy elke middag sou terugkom. Toe eers het sy meer rustig geraak en dit aanvaar.

Sy het elke oggend saam met hom gestap tot by die busstop, en hom elke middag ingewag. Gedurende die dag terwyl hy by die skool was, het sy verval in diep wanhoop en depressie. Sonder hom in haar onmiddelike nabyheid was sy verlore. Sy het geen begrip van skole gehad nie en kon Johan nie bystaan met leerwerk nie. Dit, en die werklas op 'n klein seuntjie onder 'n harde oom, het gou tot gevolg gehad dat Johan 'n agterstand op skool begin opbou het. Hy het nie vriende gemaak nie, want die ander kinders is deur hulle ouers gewaarsku om nie met "ou mal Sêra" se "hoerkind" te praat nie. En so het Johan in 'n wêreld van stilswye sy vroeë jare deurgebring. Hy het maar stadig gevorder op skool en moes so hier en daar 'n jaar herhaal. Die harde werk op die plot en sy groot liggaamsbou, het hom gou kop en skouers bo sy klasmaats laat uitstaan. Gelukkig was hy saggeaard en het niemand skade aangedoen nie.

Dit was in sy twaalfde jaar toe sy leefwêreld skielik verander het. Sy ma se geestestoestand het teen daardie tyd so versleg, dat die oom se wens uiteindelik bewaarheid was. Met die hulp van dominee Fouche is sy in 'n staatsinrigting opgeneem. Die inrigting was so 300 km van die dorpie af. Dit het nie gelyk of sy enige iets verstaan het oor wat aangaan toe dominee Fouche haar die dag met sy kar weggebring het nie. Sy het net 'n veraf engelagtige glimlag op haar gesig gehad en haar die reis laat welgeval.

Johan was nie daardie dag by die huis nie. Sy oom het hom die rante ingestuur om 'n wegloop boerbok te gaan soek. Toe Johan teen die aand van die veld af terugkom, en uitvind wat gebeur het, was hy soos 'n brullende leeu. Sy enigste boesemvriend, sy anker, sy maat, sy ma was weg. Hy wou alles om hom afbreek, en na 'n deeglike afranseling met 'n stuk tuinslang deur sy oom, is hy die veld in. Hy was vir meer as 'n week soek, toe het hy een oggend, vuil en honger teruggekom plot toe.

Daarna was Johan nie meer sy ou self nie. Hy het nog so af en toe skool toe gegaan. Op die plot het hy meer slae as kos gekry weens sy weerspannigheid. Die rottang en die tuinslang het geen sigbare effek op sy opstandigheid gehad nie. Hy het die einde van daardie jaar weer gedruip. Sy familie was teen hierdie tyd al so moeg vir die situasie, dat hulle verheug was toe dominie Fouche daarin kon slaag om Johan toegelaat te kry tot 'n spesiale skool, vir stadige leerders aan die Wesrand. So kon sy oom ook die testament bepalings van sy oupa oorkom, want beide hy en sy moeder was nou onder versor-ging, en dit het die oom nie 'n sent gekos nie.

Johan het moeilik aangepas in sy nuwe omgwing. Hy was nie 'n boom wat maklik verplant het nie. In die eerste jaar het hy verskeie botsings met sy skoolowerheid gehad weens sy weerspannige houding. Ook met sy mede skoolgangers. Maar geleidelik het dit tot Johan deurgedring dat hy vir die eerste keer in 'n baie lang tyd gelukkig was. Hy het begin om die die skool se gesag te aanvaar. Sy medeleerders het baie gou en met pyn geleer om nie met hom te sukkel nie. Hy het nooit eerste skoor gesoek nie. So het die volgende vier jaar van sy lewe verby geglip. Hy het nooit teruggekeer plot toe nie, en het skoolvakansies hoofsaaklik maar ingebly, behalwe die twee keer toe goedwillige gesinne hom kom uitboek het vir die vakansie. Maar dit het nie uitgewerk nie. Hy het weinig gepraat en het nie aanklank by gesinslewe gevind nie. Twee maal per jaar het die welsynsbeampte hom kom oplaai om sy ma te besoek. Sy ma het hom van tyd tot tyd nie herken nie, maar dit het hom nie gepla nie. Hy het hoofsaaklik stil langs haar gesit en af en toe met deernis oor haar hand gevryf. Dan het sy net engelagtig geglimlag. Johan was baie lief vir sy ma, en het weke voor die volgende besoek al 'n onrustige blydskap in sy hart ervaar.

Hy het een keer per jaar 'n niksseggende brief van sy oom af gekry, terwille van testament bepalings. Hy het nooit daarop geantwoord nie. En so het die tyd aangebreek dat hy nie meer kon skoolgaan nie. Die onderwysdepartement het begin om 'n uitplasing te reël. Toe Johan hiervan tehore kom, was sy wêreld platgeslaan. Die koshuis was die enigste ware tuiste wat hy ooit geken het, en die wete dat hy ook hier onwelkom geword het, het hom met 'n diepe hartseer gevul. Dit was net deur die toedoen van dominee Fouche dat hy nie weer 'n terugslag beleef het soos vantevore nie. Die ou leraar het goed verstaan dat Johan net in 'n omgewing met struktuur gelukkig sou kon wees.

Weens dpminee Fouche se skakeling met die army se kapelaan,was Johan opgeroep begin verlede jaar. Hy het sy ma voor aanmelding gaan besoek, en daarna met elke pas. Die laaste keer wat hy haar gesien het was net voor ons grens toe gestuur was. Haar opflikkeringe van herkenning het toe alreeds baie min geraak. Met deernis het hy afgbuk, sy arms om haar maer skouertjies gesit, en net skor gese "Dankie Ma, ek kom weer". Sy het hom onbegrypend aangekyk, terwyl 'n traan stadig teen haar wang afgeloop het. Hy het 'n eed geneem dat hy sy belofte ten alle koste sou nakom.

Dit is waarom hy twee weke terug so heftig gereageer het toe hy net per brief ingelig was dat sy ma reeds begrawe was. Druppels van gal teenoor ongevoelige mense het daardie dag die emmer volgemaak. En weet pa, dit is met ons almal so. Dit vat duisende druppels om 'n emmer vol te maak, maar net een druppel om daardie emmer te laat oorloop.

Groete

Seun.
(1984)

Speldjies Speldjies op my Kaart

Ek het die voorreg gehad om gedurende my militêre loopbaan be-vel te kon voer oor ses infanterie kompanies. Maar die lewe stap aan en so ook die tyd. Toe word ek bevorder na kommandant en word die SO1 Ops Beplanning vir 60 Brigade in 1988. Dit was nogal 'n aanpassing. My wese het in opstand gekom. Nie oor die bevordering nie, maar oor die feit dat ek nie meer 'n kompaniebevelvoerder kon wees nie. " But rules are rules and rules must be obeyed".

Die voorreg om 'n kompanie bevelvoerder te kan wees is iets besonders. Jaar na jaar sien jy die nuwe inname op die grens basis aankom. En elke jaar lyk hulle vir jou jonger. En so besef jy dat dit eintlik jy is wat ouer word. Soos die jare dan aanstap, word jy slimmer en leer jy om vinniger en beter te verstaan wat in jou troepe se koppe aangaan. Soos jy die kuns geleidelik bemeester, besef jy een Saterdag middag skielik onder 'n doringboom iewers op die vlakte van Ovamboland, dat jy in werklikheid besig is om jouself beter te leer verstaan. Dan voel mens dankbaar dat jy elke jaar die voorreg kon ervaar om sowat twee hon-derd nuwe spieëls kon hê waarin jy jouself kan meet.

Met jou eerste kompanie is jy 'n sipier. Jy doen dinge soos die boek dit voorskryf. Dan sluit jy die sel vir die aand. Geleidelik kom jy tot die besef dat 'n tronk net effektief kan wees, as die gevangenis tevrede voel. Jy leer om te verstaan dat elke reël onder die son onderwerp kan word, moet word, aan vertolking. Daarna word jy 'n onderwyser. Jy hou op om hulle te dryf soos perde voor die kar. Jy leer jou troepe wat hulle moet doen en ook hoe om dit te doen. Jy oortuig hulle van die voordele, en leer hulle om die nadele in voordele te omskep. Maar jy dink nie daaraan dat dit wat jy wil hê, nie altyd strook met wat hulle wil hê nie. Dan lê jy die spreekwoordelike onderwysers rotang in.

Dan op 'n dag besef jy dat jy eintlik 'n tipe van voog vir jou troepe is. Dat hulle nie altyd positief reageer op onderwys metodes nie, maar beter reageer as hulle kan opsien na 'n vader figuur. Jy leer uit jou ondervinding en daarna raak jy dan meer soos 'n ouboet, toeganklik en begryplik. Jy vertel nie meer vir pa alles van kleinboet se sondes nie. Op 'n ouboet manier karnuffel jy hulle, amper soos wat 'n goedige Great Dane met 'n spelerige lastige Foxterrier maak. Jy sit net die voet van gesag so liggies op sy rug neer. Hy glo dit is erg, maar jy weet jy gaan hom nie regtig seermaak nie. Soos jou wysheid groei ontwikkel jy die vaderlike gevoel teenoor hulle. Jy bou meer as wat jy afbreek, jy gesels meer en berispe minder, jy verstaan meer en oordeel minder. Jy beweeg weg van vooroordele en waardeer elke individu vir die mens binne die dop. Jy besef dat iewers in elkeen se verlede het daar dinge gebeur wat hom uniek maak. Jy ignoreer die "label" en waardeer die inhoud.

Wanneer jy dan die punt bereik om soos 'n oupa teenoor hulle te begin voel, dan is jou tyd as kompanie bevelvoerder verby. Jy het jou "expiry" datum bereik. Want dan wil jy hulle beskerm teen alles, strydig met jou beterwete. Op die regte tyd met die wysheid van die stelsel, word jy bevorder na kommandant. Bevordering voel altyd lekker. Jy voel goed oor jou nuwe status. Maar dit laat 'n hartseer leemte in jou gemoed. Skielik voel jy siels alleen met jou "arch lever files" en jou kaart, met "coci" penne en baie kleure speldjies vir jou kaart.

Dan gaan dié fase ook verby. Jy word daarna 'n ontleder. Jy begin dit alles beskou soos 'n navorser wat deur 'n kil ongevoelige vergrootglas voorwerpe identifiseer en dit manipuleer soos hy goed dink. Jy sien die operasionele kaart voor jou en jy plaas jou gekleurde spelde soos dit jou behaag. Sover as wat jou duim of arm kan rek! Dan vergeet jy dat elke speld wat jy verskuif een van jou gevangenes, jou leerlinge, jou boeties, jou seuns en jou kleinseuns, direk beïnvloed.

Maar wag, voor ek nou te filosofies raak, die generaal het vir ons hoofkwartier hier in die bos 'n kas Nederburg Merlot gestuur. Ek wil gou gaan stort terwyl die water nog warm is. Speldjies, speldjies op die kaart, wie dink julle gaan Merlot drink vanaand? Tot môre, los ek julle alleen. Ingepen op my kaart. Die wat ek nie gebruik vir die kaart nie - veilig in 'n Tupperware bakkie op my lessenaar.
(1988)

'n Koekie Lifebuoy Seep

Gedagtes uit gesensoreerde briewe.

Hallo Oupa

Ek kan dit soos gister onthou toe die skoolhoof in standard vyf, my oor die interkom uit die klas geroep het. Dit was snaaks, want ek het niks verkeerd gedoen nie. Toe ek Oupa daar in die hoof se kantoor sien, en ek kyk in Oupa se oë, was daar 'n uitdrukking in van soos anderkant 'n grens. Ek het net geweet, sonder dat Oupa dit gesê het, dat dinge alles daardie dag verander het.

Onder Oupa se dak het ek begin leer van grense. Ek het min verstaan oor die ongeluk waarin pa en ma skielik dood - net weg was, want ek het die permanentheid van die oorsteek van die finale grens nie reg-tig verstaan nie. Soos ek meer begryp het, het Oupa my meer en meer van grense oorsteek geleer. Met elke sprong was Oupa daar vir my, tot die laaste aand toe ek op die trein army toe is.

Daardie aand het ek ook begin verstaan dat meeste grense wat mens oorsteek, jy dit maar allenig moet doen. Net jy en jou bagasie wat bestaan uit 'n sweetpak, tandeborsel en 'n koekie Lifebuoy seep. Soos die eerste jaar in die army kamp verby gegaan het, het ek ook meer begin verstaan van bagasie, verder as 'n tandeborsel of 'n koekie seep. Bagasie wat hier binne 'n mens se kop vassteek. Bagasie wat nie ligter raak na 'n tyd soos 'n koekie seep nie.

Met my laaste pas voor ek grens toe is, het Oupa so trots gelyk toe ek met my uniform in die voordeur staan. Oupa het met my by al Oupa se vriende gaan spog. Maar ek onthou ook die hartseer in Oupa se oë. Want oupa het geweet waaroor oorlog gaan.

Daarna het ek nog 'n grens oorgesteek na die grens. En ek het besef dat dit ook vir my moontlik die finale grens kon wees. Ek onthou oupa se afskeidswoorde goed: "Die lewe is 'n reis van grens tot grens, maar nie een van daardie grense is 'n eindbestemming nie. Daar is altyd 'n volgende horison". En dit is ware woorde. Ek het die grens oorgesteek op Waterkloof Lugmagbasis. Toe die grens op Grootfontein. Toe die Ovambo grens tot op Omuthiya. En hier het ek skielik tot gie besef gekom dat grense met momentum oorgesteek moet word. Dit is soos die klippe oor die Schoonspruit. Jy moet van die een tot die volgende spring in spoed, want hulle is te vêr van mekaar af om op een te huiwer. As jy gaan stilstaan, gaan jy nie vêr genoeg kan spring na die volgende een, sonder om in die water te beland nie. Die afgelope paar maande het ek ook die grens van Oshakati oorgesteek. Ook tot teen die Angola grens, maar nie daaroor nie – nog nie.

Terwyl ons een dag so teen sononder oor die Angola grens staar na 'n vreemde land, het ek besef dat nie alle grense duidelik waarneembaar is nie. Soos hierdie grens - net 'n vae oopgekapte laning. Net dit! Een oomblik staan jy in Suidwes en die volgende oomblik in Angola. Grense met geen aanduiding op die grond dat dit bestaan nie. Tog is dit onteenseglik 'n grens. Die wete dat jy op 'n grens staan, maak dit 'n skielike werklikheid, al lyk hierdie kant en daardie kant se bome dieselfde. Dieselfde gevoel tussen rus en onrus. Die wete van die dood wat oorkant skuil, maak dit 'n grens wat mens huiwer om met momentum oor te steek. Mens moet vrede maak met die idee. Die stilstaan voor die volgende sprong, dit is wat met mens se kop lol.

Ons vertrek volgende week om aan 'n operasie diep in Angola deel te neem. Skielik het ek begin wonder oor die nodigheid van dit als. Ek het begin twyfel oor my leiers se vermoë. Maar boweal het ek gewonder oor my eie vaardighede. As ek so na my vriende om my in die peloton kyk, diep in elkeen se oë staar, dan weet ek hulle voel soos ek. Dan kry ek 'n anderste gevoel oor dit alles. 'n Gevoel wat ek glo alle soldate oor baie eeue ervaar het. 'n Diep gevoel van een wees. Een van - ons gaan mekaar nie in die steek laat nie. Soos 'n mens dan vrede maak met jou lot, dan raak dinge meer draaglik.

Want dan het jy 'n grens hier diep binne in jou klaar oorgesteek. Die werklike oorsteek word dan net nog 'n stap, met nog 'n horison daaragter. Diep binne voel jy die verband tussen lyne op 'n kaart en die lyn tussen lewe en dood. Behalwe dat die laaste een nie omgekeer kan word nie. Jy besef dan dat net die momentum van jou pligsbesef jou oor die spruit gaan dra. Die gedagte aan die finale grens vervaag soos 'n lyn tussen bosse. Jy besef dat jy die lewe opgebruik soos 'n koekie Lifebuoy seep.

Ek kan baie eerlik aan Oupa erken – vir hierdie oorsteek is ek bang. Dankie dat ek dit met Oupa kan deel. Ek sal ook die grens van bang oorsteek.

Liefdegroete

Kleinseun
(1983)

Besef

Gedagtes uit 'n brief uit 1 Militêre Hospitaal wat met my gedeel was.

Beste Korporaal

Korporaal, hoe kan ek dankie sê, hoe kan ek jou ooit vergoed? Die slag van die ontploffing het my bewusteloos geruk. Toe ek daarna bykom het ek afgekyk na my been, waar dit skeef en na die verkeerde kant toe gebuig aan my heup hang. Die koeëls het die blare op my neer laat reën, en ek wou net wegkom. Ek het probeer om my been reguit te trek om op te staan. Maar ek kon nie, ek het geen beheer oor my been gehad nie. Dit was asof dit nie meer deel van my was nie. Toe ek probeer het om op my rug uit die vyandelik vuur te skuif, het my been soos 'n dooie gewig agter my aangesleep, sonder beheer, sonder wil.

Eers toe het die pyn gekom. 'n Pyn soos ek nog nooit gevoel het nie. Soos asof my been in 'n vrieskas lê. Was dit maar 'n verblindende pyn, want dit was wat ek verwag het, toe ek afkyk na die wond. Maar dit was nie so nie. Dit was 'n pyn veel dieper en moeilik om te beskryf. Eers toe het die wond begin bloei. Dit was toe dat ek jou hande onder my skouers gevoel het toe jy my 'n entjie terugsleep. Daarna het jy my eers in jou arms gedra, en my toe oor jou skouer gegooi en teruggedra, todat ons buite die aanhoudende vuur was. Daarna het jy die polsende bloed met jou boshoed en 'n bomverband gestop.

Jy het my verder terug gedra terwyl ek my nuttelose been teen jou rug kon voel stamp met elke tree. Ek kon jou asem hoor fluit soos 'n blaasbalk, soos jy onder my gewig struikel. En jy het gestruikel en op jou knieë beland. Die sweet wat in jou oë inloop, want jou boshoed het jy gebruik as my been se verband. Toe jy in jou eie uitputting opbeur, het ek my bewussyn verloor. Ek het eers weer van iets geweet iewers in 'n newel in die chirurgiese pos op Ondangwa. Ek weet dit was Ondangwa, want ek was bewus toe ek oor die aanloopbaan op 'n draagbaar na die vliegtuig gedra was. Daarna het ek in 1 Militêre Hospitaal wakker geword.

Die eerste gedagte was my onthou van my yskoue been wat ritmies en nutteloos teen jou rug klap, soos jy my dra. En het ek beneweld gewonder oor wie ek werklik is. Sou ek sonder 'n been dan minder mens wees? Is ek my been of is ek die res van my liggaam, want ek is tog 'n geheel-en-al. Daar op jou skouer het ek besef, jy het my gaan haal – as 'n mens – selfs sonder 'n been.

Dus was ek nog ek, selfs sonder 'n been. Ek het nie minder mens gevoel nie want in my gees was ek 'n geheel. Dit was nie asof my gees iets gekort het nie. Korporaal, ek bly jou vir ewig dankbaar vir dit wat jy vir my gedoen het. My hart en wese strek uit na jou, daar ver op die grens, hier vanuit my hospitaal bed. Maar terwyl ek op hierdie bed lê, en hierdie brief aan jou skryf, wonder ek oor veel meer as net sening en been.

My pa was besorgd oor hoe ek die verlies van my been sou hanteer. Ek sou dinge seker anders gesien het was dit nie vir jou opoffering om my te gaan haal het, en ek vandag lewe nie. Sonder 'n been kan die liggaam oorleef, alhoewel iets belangrik weg is. Sonder 'n hart, of longe vergaan die hele liggaam. Wat maak dus die maag beter as die longe. Sonder sekere organe kan die ligaam bly leef, terwille van al die ander organe.

Hier waar ek in diepe dankbaarheid aan jou skryf, probeer ek om die samehang van alles te verstaan. Ook dit wat niks met my persoonlike omstandighede te doen het nie. As ek dan sonder 'n ledemaat my lewe moet voortleef, dan wonder ek oor die ongelykheid van dit alles - verder as die liggaam. As daar ongelykheid in ons politieke bestel is, dan kan dit nie lank hou nie.

Ons veg 'n oorlog met belangrike ledemate wat kort. Ons swart ewe knieë sit rustig in die land met geen verpligting teenoor niemand nie. Hulle betaal nie belastings nie, hulle doen nie diensplig nie, hulle verloor nie ledemate nie. 'n Skrale kwart van ons land dra die laste van almal. Hoe kan 'n liggaam leef as net 'n kwart van die organe dit alles moet onderhou.

Die dokter sê ek is in trauma. Dit mag so wees. Laat hom dit maar glo. Maar ek weet dat soos ek dit nou beskou – alles gaan tot 'n einde kom.

Groete korporaal, en weereens dankie.
(1984)

Oorlog is nie meer lekker nie

Gedagtes uit gesensoreerde briewe.

Hallo Oupa

Partymaal weet ek nie wat die ergste is nie - 'n Sondagmiddag in die basis of een in die bos. Gelukkig het ek vroegdag, voor kerk my klere klaar gewas. Nou sit ek maar hier onder 'n doringboom aan die kant van die basis - en verlang - en voel sommer jammer vir myself. So skuins bokant my sit een van daardie neushoring voëls en beloer my wantrouig met sy kraal ogies. Jammer dat ek nie so gereeld vir Oupa skryf nie, ons is maar bedrywig.

Ek hoop dit gaan goed met julle op die plaas. Dankie dat ek met Oupa kan deel wat ek nie met ma en pa kan deel nie. Ek weet hulle is maar altyd diep bekommerd oor my, en ek sal nie hierdie storie met hulle wil deel nie. Maar ek moet iemand daarvan vertel, dit van my gemoed afkry.

Ek het hierdie week die eerste keer regtig besef dat oorlog verniel. Nie net liggame nie maar ook die gees. Na twee maande sedert ons op die grens aangekom het, en niks gebeur nie, dan raak 'n mens mak. En dan skielik gebeur daar iets wat jou met verstarde oë na die aaklige werklikheid laat kyk.

Oupa kan seker vir Gerrie onthou? Hy het laas jaar toe ons nog in Bloemfontein was, saam op die plaas gekuier. Hy het gaan medic kursus loop, en is nou ons kompanie medic. Ons is steeds goeie vriende. Ons was hierdie week saam betrokke by iets wat my manier van dink oor baie dinge verander het.

Ons was besig met 'n patrollie. Niks ernstig nie, maar net roetine. Die grootkoppe noem dit kommunikasie operasies. "Winning the hearts and minds of the people" met die uitdeel van toffies vir die kinders en Disprins en pyp tabak vir die ouer mense. Weet nie of dit enige invloed het nie want hierdie mense se "harts and minds" lê, soos julle sin, by julle kinders. En SWAPO lede is mos deel van hulle familie. Oupa sal my mos nie verklap vir 'n paar sakkies tabak, terwyl ek in die skuur op die plaas wegkruip nie. Hulle voel seker maar dieselfde. Alles het baie mak gelyk. Hier en daar 'n sopie Mahango bier by 'n kraalhoof gedrink. Die omgewing het rustig gelyk. Oral was Ovambos besig in hulle lan-dery.e Ons was al aan die moeg word want die Buffels mag nie deur die heinings ry nie. Vir ons was dit dus maar voetslaan.

Dit was vroegmiddag toe ons seksie 'n kleinerige kraal kompleks van so vyf hutte genader het. Ons seksie leier het drie van ons links om gestuur. Hy en die res is na die ingang van die kraal. Gerrie was saam met hulle groep. Gewoonlik was daar kinders wat rondspeel, maar nie by daardie kraal nie. Dit was besonder stil. Ons seksieleier het geroep, maar geen antwoord uit die kraal gekry nie. Toe hy deur die nou in-gang van die boomstomheining skuur, was daar skielik 'n helse ont-ploffing. So 'n reguit spiraal van rook het die lug in geskiet. Die an-ti-personeelmyn was reg in die middel van die hekkie geplant. Die slag het die korporaal met geweld teen die heining vasgegooi. Die res van ons het onmiddelik dekking geslaan en probeer om te bepaal waar die vyand was. Daar was niks om te sien nie! Binne die kraal het die kole onder die kookpotte lustig gegloei. Half gedrinkte Mahango bier het onder die afdak gestaan. En daar was spore. Baie spore. Alles het getuig dat die vyand kort vantevore haastig onder ons neuse weggeglip het.

Hulle het dinge laat lê soos 'n Russiese handgranaat, nog met sy pen-netjie in - hulle het vinnig pad gegee. Gerrie was onmiddelik by die gewonde seksieleier. Ons het eers later daaraan gedink dat daar meer myne kon wees, maar gelukkig was daar nie. Ek het nadergehardloop om te kyk of ek Gerrie kon help. Hy was reeds besig om die korpo - raal se versnipperde been se bloeding te probeer stop. Die groot kom-panie mediese tas met sy hordes sakkies en ritssluiters het oop langs hom op die sand gelê. Die seksieleier was paniekerig en ek het pro-beer om hom te kalmeer. Ek moes hom fisies aan sy skouers platdruk om Gerrie in staat te stel om aan die aaklig verwrongde been te kon werk. Die voet het onnatuurlik na een kant gedraai gelê.

224

Brokkies versplinterde been was sigbaar in die gapende wonde onder Gerrie se hande. Die wit kuitspier was losgeruk van die been soos 'n los lap en het rukkerig onwillekeurige bewegings gemaak. Ek het met verwondering na die behendigheid en vaardigheid van waarmee Gerrie die wonde behandel het gestaar. Die lang vingers het sensitief maar akkuraat gedoen wat gedoen kon word. Die are het van inspanning blou op Gerrie se voorarms uitgestaan, en sy hemp het vol sweet aan sy rug vasgeklou. Bloed het oral uit die verskeurde hak en kuit voor hom gevloei. Die seksieleier het genadiglik sy bewussyn verloor. Geleidelik het die bloed ophou stroom terwyl Gerrie die misvormde ledemaat voorberei het vir afvoer.Die casavac helikopter het kort daarna aangekom.

Die opvolg op die spore van die vyand was deur 'n Koevoet span oorgeneem. Toe die casevac helikopter laag oor die boomtoppe verdwyn het Gerrie 'n snaakse ding kwytgeraak – so asof vanuit 'n onbetrokke standpunt. Hy het net gesê: "Oorlog is nie meer lekker nie, " Dit het vir my eienaardig en onvanpas geklink. Maar soos ek hom daar sien staan het, sy uniform deurdrenk van bloed, 'n bloedspatsel wat aan sy kuif vasklou, het sy woorde skielik baie sin gemaak. Hy het die verdwynende helikopter oomblikke agterna gestaar, en toe terug gestap na waar die vlieë reeds die bloedkol op die sand gevind het. Toe het hy begin om die bloedkol toe te skop met bewegings wat al hoe heftiger geraak het. Byna metodies het hy die brokkies en stukkies bloederige sening en been splinters onder die wit Ovambo sand bedek. Toe het die drif uit sy liggaam verdwyn en het hy kragteloos op sy hurke neergesak. Toe sy hande terug geskuif en plat gaan sit met sy bene voor hom uitgestrek.

Ek het nader gestap en langs hom gaan hurk, en my hand op sy skouer gesit. Sy oë het star na die horison gestaar na waar die helikopter sopas oor die boomtoppe verdwyn het. Hy het geen teken gegee dat hy bewus was van my of enigiemand se teenwoordigheid nie. Twee spore trane het 'n paadjie teen sy stowwerige wange gevorm en tussen sy baardstoppels afgeloop. Vandaar het dit teen die bloedkol op sy hemp gedrup. Daar was geen snik, of knip van sy oë nie. Net die stroompie trane wat geluidloos op sy hemp gedrup het. Ek het in magtelose eenwees my greep op sy skouer verslap en toe plat langs hom gaan sit. Ek kon so intens verstaan wat in sy gemoed omgegaan het. Daardie tipe van verstaan waar die begrip sonder woorde sommer net daar is.

Toe die stroompie trane op sy wange begin opdroog, het ek die stilte verbreek.: "Kom Gerrie, jy het gedoen wat jy kon." Hy het asof in 'n droom opgekyk en toonloos gesê: " Hy het dan nie eers 'n regverdige kans gehad nie." Ek kon voel hoe 'n rilling deur sy skouers trek. Sonder verdere woorde het hy opgestaan en terug gestap na die Buffels. Ek het sy mediese tas toegerits en hom gevolg. Dit is nou al drie dae wat hy nie met my praat nie, inteendeel hy praat met niemand nie. Dit lyk asof hy homself verwyt dat hy nie meer kon doen nie.

Oupa, dit was hierdie week dat ek besef het:"Oorlog is nie meer lekker nie" Dankie dat ek dit met oupa kan deel. Moet maar nie vir die ander vertel nie. Hulle sal hul net bekommer.

Kleinseun
(1986)

Van die Ander Kant Af.

Gedagtes uit gesensoreerde briewe.

Hallo Pa

Soms raak die oorlog die mens binne die mens op vreemde wyses aan. Net vir 'n oomblik, 'n paar minute - dan kruis jy die gaping na die ander kant van begrip of wanbegrip. Dan vervaag dit weer, en dan raak jy weer 'n oorlogsmasjien. Dit het gister gebeur toe ons tydens 'n patrollie 'n ernstig gewonde SWAPO terroris onder 'n bos gekry het. Vir hom was daar nie meer hoop nie. Hy was totaal ontwater, en die maaiers het oor sy oop skouerwond geskarrel, van onder die stukkende materiaal van sy hemp. Sy uniform het 'n lewendigheid van sy eie gehad soos die maaiers daaronder gewoel het. Hy het my met versonke oë lê en aankyk - so amper meewaardig - soos uit 'n ander wêreld.

Die peloton medic was gou by, maar na 'n paar minute het die skaduwee van 'n menslike vorm net opgehou bestaan. Nie doodgegaan nie, niks so dramaties nie - net weg. Snaaks, het ek gedink, in die flieks was die dood altyd meer dramaties. Van watter SWAPO detachment, hoe oud was hy, waar is sy makkers? Baie vrae met min antwoorde. Ek het lank na die liggaam teen die stam van 'n mopanieboom gestaar. Sy ouderdom was moeilik om te skat. Kon 15 jaar oud gewees het of 25 jaar.

Om sy nek het 'n klein verweerde silwer kruisie aan 'n stuk tou gehang wat te dik was vir die doel. Die kruisie was halfpad afgesak na die verbryselde skouer tussen die maaiers in. 'n Vet maaier het rukkerig teen die kruisie opgekruip, besluit die metaal is te kil en sywaarts onder die hempskraag ingeval.Sy linkerbeen was opgetrek in 'n natuurlike hoek onder sy ander been. Het gelyk soos iemand wat slaap, behalwe die stank en die maaiers en die deurgeloopte boots. Ek het lank na die tingerige liggaam voor my gestaar. Die benerige voorarms, die onnatuurlike groot hande teen die skraal liggaam. Het dit my geroer of nie? - het ek later aan myself gevra. Net die feit dat ek die vraag gevra het, was 'n antwoord op sigself. Sy verslete rugsak het soos 'n stuk vodde teen die ondergroei gelê, vormloos, soos die liggaam voor my in die tegroot uniform.

In die rugsak was weinig, net twee persoonlike besittings. 'n Klein verweerde Nuwe Testament en 'n foto van homself en 'n opgeskote blonde seun op 'n trekker. 'n Ou Ovambo het glimlaggend op die linkerwiel gesit. In die agtergrond was die tipiese werf van 'n plaas in die Tsumeb distrik. Die afgekapte bosse rondom die opstal en die skure tot waar die hoër boslyn in die agtergrond begin. Die huis met sandsakke voor die vensters as buffer teen aanvalle - die buitegeboue, lusernland en dan die hoë dubbel heining as vroeë waarskuwing teen aanvalle. Voor die huis was geparkeer een van die Ford bakkies wat omskep was om as 'n teen-mynvoertuig diens te doen. Agterop die foto was die inskrywing gemaak in hoekige seuns handskrif - Lukas, Jannie en Ou -Ta.

Die foto het vertel van 'n vroëer gelukkiger tyd. Die Afrikaanse sakbybeltjie se eerste blad was uitgeskeur, asof die eerte inskrywing moes plek maak vir 'n ander. Die nuwe inskrywing het gelees:" Aan my vriend, Lukas, Desember 1979". Dit moes dus Lukas gewees het wie hier voor my gelê het, en Jannie die blonde seun op die foto, het ek gedink. Die Lukas op die verweerde foto in my hand het geen ooreenkoms getoon met die dooie Lukas voor my nie. Ek het amper eerbiedig die foto terug geplaas in die klein Nuwe Testament en dit op Lukas se skraal liggaam neergesit.

Ons is verder op patrollie, maar ek het vanaand weer die beeld van die uitgeteerde liggaam in die vodde met die klein bybeltjie daarop herroep. Hierdie beeld het my nogal geraak - Lukas op pad na die blanke plase om verwoesting te saai - Lukas op pad na die plekke waar hy eens gelukkig was, gewapen om te vernietig. Hoe diep moet gevoelens van hoop en wanhoop lê om soos 'n Lukas sy lewe daarvoor op te offer? Maar Pa, as ek weer van my kant af kyk, dan verstaan ek beter. Want ek voel ook soos Lukas, net van die ander kant af.
Ek weet pa sal verstaan.

Seun (1979)

228

Raaisels in die Spieël

Soos soldate terugdink ná die oorlog, raak hulle baie skeppend in hulle denkwyse. Soos hulle ouer word, hoe verder ontwikkel hierdie heropbou van herinnerings. Die voorvalle waaroor hy dink, was in die eerste plek 'n persoonlike waarneming. Tien ander wat dieselfde gebeure beleef het, sal tien uiteenlopende weergawes hê daaroor. Want elke mens neem gebeure om hom waar op sy eie unieke manier. Oor jare word hierdie weergawes vanaf die oorsprong, deur skeppende denke meetkundig vermeerder. Hierdie geneigdheid is nêrens so sigbaar as op die sosiale elektroniese media soos Facebook en ander nie. Meeste ou militêre veterane maak vrede met hulle rol oor dekades gelede. Ander weer leef voort in skeppende denke en die self gewaande verontregting oor die ontneming van hoe dit veronder-stel was om te gebeur het. "As dit - dan sou dat". Dit geld veral waar dit gewaande miskende toekennings en aanprysings aangaan.

In die goeie ou sestigs en sewentigs was daar oral in die land die jaarlikse landbouskou. Dit was dan in Klerksdorp, soos in ander plattelandse dorpe, sommer karnaval tyd ook. Die pretpark was deel van die opwinding. En een stalletjie wat jy nie gemis het nie, was die een met die spieëls. Spieëls van vele groottes, almal so gemaak om jou werklike profiel te verwring. En dit was snaaks om jouself in vele vorme te kon aanskou. Daardie dae van die plattelandse landbouskou is lankal verby. Intussen het die Bosoorlog gekom en verbygegaan. Sommige ideale is verwesenlik terwyl ander weer aan skerwe lê.

Dekades later is die jong soldaat 'n militêre veteraan. Sekere dinge maak meer sin terwyl ander weer minder sin maak, soos die jare verstryk het. In sy gedagte voel hy nog steeds soos die jong troep wat in 1975 by die militêre basis aangemeld het. Maar hy besef dat dit net lekker gedagtes en wens denkery is. Sy werksloopbaan raak al hoe korter. Hy betree 'n fase waar hy geneig raak om baie nabetragting te doen.

Kamerade jonger as hy begin afsterf. Hy begin wonder wanneer dit sy beurt gaan wees. Hy begin verklarings soek vir dit wat sy lewens

-paadjie beïnvloed het. Hy kom agter soos hy op die sosiale groepe soos Facebook beweeg, dat ander veterane ook deur 'n soortgelyke fase gaan. Skielik het hy 'n verwysigs raamwerk en modelle waaraan hy homself kan meet. Soos hy in die proses ontwikkel, laat dit hom terugdink aan die verwronge spieëls. Want hy besef soos hy terug-dink dat hy 'n onvermoë het om homself te sien soos en wat hy werklik is.

Terwyl die gevegte plaasgevind het, was optredes instinktief en ingedril. Daar was geen rolspel nie. Die een oomblik het in die volgende een ingevloei. Eers daarna wanneer hy kalm daaroor kon terugdink, het hy begin om die geheelbeeld te ontleed. Soms dae daarna en dan soms dekades daarna. Hy gaan staan voor die spieël van sy lewe en sien sy eie refleksie. Hy aanvaar dat dit wat hy sien as die waarheid omdat hy glo dat die spieël nie kan lieg nie. "Of kan spieëls lieg?" wonder hy. Dan herroep hy al die soortgelyke refleksies oor dae, jare of dekades en hy weet dat die spieël wel kan lieg. Dit hang af vanuit watter hoek jy dinge beskou. En ook na aanleiding van in watter spieël in die reeks jy dinge beskou. Want elke ding wat in die lewe gebeur het, het 'n oorsaak wat spruit uit iets wat vooraf gebeur het. Dit vloei oor in 'n reaksie wat die volgende besluite bepaal. En so verloop dit knoop vir knoop.

Hy onthou hoeveel keer hy sy sienings, gedagtes en menings verander het oor verloop van tyd. Ter wille van sielsvrede probeer hy die grootste gemene deler van die verskillende beelde saamvoeg. Dit lei gewoonlik tot 'n oorbelading van die gedagte se volgorde. Hy sorteer oënskynlike botsende en teenstrydige beelde uit. Soos hy voor die spieël staan, beleef hy weer die gebeure in sy verlede. Maar om een of ander rede sien hy nog steeds drog beelde, waarvan hy nie hou nie. En soos hy weer, meer en dieper kyk, verander die beelde met elke beweging wat hy gee. Maak nie saak oor van watter kant af hy die spieël benader nie, die beelde wissel van lank tot kort, van vet tot maer – almal weerkaatsings van wat hy nie wil sien nie, nie wil aanvaar nie. Maar tog is elkeen net hy - beskou vanaf 'n ander oogpunt af. Dan sluit hy hom af want dit wat hy wil sien – dié sien hy nie. En dit wat hy sien - daarvan hou hy nie.

So probeer hy dan oor baie jare sporadies sin maak, en vir lang tye ignoreer hy die spieël, want wat hy sien maak seer. Ignoreer is ook maar net oppervlakkig, want voor die spieël het hy sy eie regter geword, behalwe dat hy die regter se uitsprake nie kan of wil aanvaar nie. Dan besluit hy op die goue middeweg. Dit is om op die dun randjie van die spieël te leef. So leef hy voort op die spieël se rand. Hy leun net so af en toe oor die rand, na die blink kant, net genoeg om 'n gedeelte te sien. Hy kyk al hoe minder oor die rand. Dan op 'n dag - dekades later voel hy homself weer opgewasse om nie net in die spieël te loer nie, maar om vollengte die weerkaatsing van sy eie verwronge beeld te aanskou. En daardie beeld maak skielik sin, want dit is jy is. Want jy is wat jy is – van toe tot nou, met dekades tussenin. Maar om jou beeld te aanvaar en om daarvan te hou - is twee verskillende dinge.

Die oorlog maak nie meer saak nie, want die Bosoorlog raak 'n metafoor van jeug vir hom om op terug te val. "Ek moes dat of sou so - was dit nie vir die oorlog nie". Sy ervarings van toé word 'n onaangename weerspieëling van sy lewe van toe tot nou, dekades later. Hy rebelleer teen homself, want hoe kon hy dekades lank dieselfde foute, net in ander gewaad, aanhou herhaal? Voordat hy weer in selfveragting verval, want dekades van dink het hom slimmer gemaak, dan kry hy die uitmuntende oplossing. Skielik weet hy waar hy al die jare gefaal het. En dan kom hy agter die kap van die byl. Die oplossing is om agter die byl te staan. Om agter die spieël van werklikheid te staan, want werklikheid bedreig jou wese. Dan vir die eerste keer in sy lewe leun hy oor vanaf die spieël se rand en kyk na die agterkant. En met ongeloof sien hy sy ideale verskoning.

Al die stories oor sy heldedade wat hy oor dekades met ander gedeel het, of die wat in sy gedagtes bly leef het, maak weer nuwe sin. Alles gegrond oor hoe hy dit sou wou, as hy alles van vooraf kon begin het. Hy het 'n beeld om te vertroetel, of vir die wat hy die stories voor vertel het, of soos hy homself dekades lank vanaf die rand van die spieël wou sien. Hy het reeds besluit dat die die voorkant van die spieël vir hom lieg. Aan die agterkant van die spieël, so oortuig hy homself, sal hy alles in perspektief kan sien. Geen hindelike refleksies van die waarheid nie. Net soos hoe hy dit graag sou wou beleef. Niemand met sy eie gesig wat hom teëspreek of die teendeel wil bewys nie. Dit is net hy en die spieël se agterkant. Daarop skep hy 'n nuwe karakter. Een van wat hy moes wees as soldaat, eggenoot, vader vir sy kinders en al die ander fasette van menswees. En dan voel hy goed soos hy voortborduur om homself in goue brokaat te beklee. 'n Nuwe ervaring waarvan hy hou, want niemand anders het nog sy ou profiel so vleiend hersien nie.

Met sy wye vriendekring op die internet kry hy aanmoediging. Dan maak 'n makker wie se gesig hy nie eers vaagweg kan herroep nie, die opmerking :" Jy moes die Honorus Crux gekry het". Of: "Was dit nie vir so en so nie, kon jy verder gevorder het". Of: "Jy was onregverdig behandel", en so kan die lys voortgaan. Hy belewe weer die verlede deur 'n vriend se oë. En hy redeneer vanuit sy posisie agter die spieël: "As een makker so dink moet daar baie ander wees wat sy sienings deel". Dit is presies wat hy al die jare nodig gehad het. Hy neem nie in ag dat duisende wat erkenning moes kry, op parade of postuum, dit nooit gekry het nie. Hy vergeet omdat dit sy nuwe profiel pas. Hy vergeet dat die hele politieke bestel verander het. Hy vergeet of neem nie in ag dat so baie dinge wat moes, kon en sou, nie plaasgevind het nie. Dan word sy nuwe profiel aangemoedig deur 'n ander opmerking op Facebook, dat 'n makker beweer dat hy nie sal rus voordat almal wat in Operasie Savannah, of enige ander veldtog, gekry het wat regmatig hulle eiendom is en was nie. Dan raak hy bitter, want na baie dekades verwag hy dat 'n nuwe stelsel, korrup en al - hom moet dekoreer vir iets wat hy wil glo hom toekom. Maar die stelsel maak nie daarvoor voorsiening nie.

Dan begin sy borduurwerk in alle erns. 'n Nuwe mens word agter die spieël herskep. Nie die is nie, maar die wou en sou. Nie die aanvanklike mens nie, maar die mens wat jy al die jare wou sien toe jy nog op die kant van die spieël gesit het. Dan raak dekades se:"As ek maar net kon", die drogbeeld van: "dit is verseker soos dit was". Sonder die eie regter se weerkaatsing aan die agterkant van die spieël – word dit 'n voldwonge feit. Hierdie herskepping aan die agterkant van die spieël verander van 'n gevoel van waarde na een van onwaarde en verontregting: "Hoekom moes ek dekades wag in oneer terwyl ek iemand besonders was – vra maar die wat saam met my daar was. Ek het die HC deur en deur verdien, maar is daarvan beroof weens swak reëls of administrasie". En so borduur hy voort.

Die verontregting word gestimuleer deur sy eie nuwe waarde. Dertig jaar of wat te laat! Nou begin hy veg vir sy reg. Dertig jaar of wat te laat! Maar die stelsel het hom ontgroei. Nou bly hy vasgevang in verontregting. Hy leef in die verlede tyd en projekteer dit op die huidige. "Kan niemand dan sien wat ek veertig jaar terug opgeoffer het nie. Is almal dan blind?". Dit is dan wanneer hy behoort te besef dat hy aan die verkeerde kant van die spieël is. Die lewe is tydsgebonde, van stonde na stonde. Sy eie wil en seining haal skaars 'n halwe sekonde. Sou hy dus verontreg voel oor miskenning, moet hy terugkeer na die voorkant van die spieël en 'n oordeel oor homself vel.

Dan is die antwoord voordiehandliggend. Soos jy jouself wil sien, dit sal die voorkant van die spieël jou ontneem. En die regter wat jyself is - terwyl jy jouself vierkantig in die oë staar, jy sal ook sy uitspraak verwerp. Sou jy jou betoog wou rig oor erkenning van jou stryd en plig, moes jy dit gedoen het voor die regte gehoor. Dan was daar na jou geluister. Jy moes dit vertel het aan die gaste op jou feesmaal dekades terug:

> Gaste gister op jou feesmaal
> Kry jy nooit weer bymekaar.
> C J Langenhoven

Jy het jouself oortuig aan die agterkant van die spieël, kry dan jou gehoor weer bymekaar aan die agterkant - nie voor die spieël nie, want oor jou skouer sal jy teen jouself betoog. Maar die agterkant van die spieël is vol geduld. En geduld is wat jy van jou gehoor verwag. Sou 'n dekorasie op jou bors vertoon dan meer wees as jy as 'n persoon, onthou 'n dekorasie op jou bors is net vertoon. Kortstondig in 'n daad vasgevang wat ook kortstondig gebeur het – in minute en in 'n spesifieke oomblik vasgevang. Dit sê niks meer van jou as mens of die omvang van jou gees nie. En dekorasies vertoon op 'n weerkaatsing van die spieël van jou lewe, word nie vasgevang oor hoe dit kon, of hoe dit moes gewees het nie. Jy is tog wat jy is? Voor of agter die spieël, jy is jy. 'n Kadet van die lewe.

En dan onverwags kraak die spieël op al die verwronge plekke, en met blydskap ervaar jy hoe alle brokstukke van hoe dit was, of moes wees, of kon wees in een sinvolle geheel saamval. In daardie laaste minuut terwyl jou familie betraand om jou bed staan, neem jy afskeid van alles. Geen verwronge beelde meer nie. Net 'n kraakvars begrip terwyl jou oë verdof, en jy met oneindige begrip die einde sien van jou stoflike tog. Die wit hospitaal laken oor jou gesig soos 'n blanko spieël, volmaak en sonder drogbeelde. Daarna vat jy met voldoening die volgende stap en die eerste tree na die onseker anderkant. En jy weet, hierdie spieël gaan jy reguit in die gesig staar. Nie op die rand van die spieël nie. Nie op die verwronge kant nie. Nie op die agter-kant nie. Want die raaisel in die spieël is opgelos. Daar is geen spieël nie. In wese en siel was jy net jy!

(2013)

Skaduwees wat Kleef

Gedagtes uit gesensoreerde briewe.

Liewe Ouers

Ek is baie dankbaar vir die gereelde pakkies. Die lekkernye daarin is iets om na uit te sien. Maar die lekkerste van ŉ pakkie is die weet dat dit met groot liefde van julle af kom. Ook omdat ek weet dat julle die geldjies afknyp. Onthou Ma van Heintje se plaat wat julle vir my in standard vyf gekoop het? Een van die snitte was: "Ich bau dir ein Schloss", en soos ek toe belowe het om vir julle ŉ kasteel te bou, so belowe ek vandag dat ek my belofte sal nakom. Ek moet net eers die army agter die rug kry. Darem nog net ses maande oor. Ek is baie bly dat ek grootgeword het onder die dak van ouers soos julle. Julle wat my geleer het om vir alles wat leef om te gee. Ek dink dit is hierdie eienskap wat my deur die junior leier kursus gedra het. Hierdie sterretjie op my skouer dra ek vir - en namens julle.

Hier op die grens het mens partykeer wysheid nodig ver verby jou ouderdom. Soos hierdie week met Louis, my peloton medic. Hy is maar ŉ skraal outjie, maar met moed van staal. Ek het die verandering in Louis nie dadelik agtergekom nie. Dit was eers toe die kapelaan my aandag daarop gevestig het. Gedurende ons tye in die basis, het Louis die gewoonte ontwikkel om in af tye net in 'n rigting in te stap en iewers op 'n stil plek te gaan sit. Ons basis op Omuthiya is nogal groot, en het nie walle om nie. So daar is nogal ruimte om in te ontvlug.

Saterdagmiddag het ek toevallig teen Louis vasgeloop. Ek het seker onbewustelik na hom gesoek, want die kapelaan se woorde het in my kop gedraai. Louis het in die verte gestaar waar hy agter die veedam noord van die basis gesit het. Dit is ŉ tipiese gronddam wat ons moes bou om die lastige Ovambo beeste uit die basis se swembaddens uit te hou. Louis se gedagtes was vêr. Hy het eers van my teenwoordigheid bewus geraak toe ek langs hom verskyn. Hy het orent begin kom maar ek het hom terug gedruk en langs hom op die lae muurtjie gaan sit. Hy

235

het ongemaklik rondgeskuif en ek kon voel hoe hy my uit die kant van sy oog dophou.

Hy wou duidelik net alleen wees. Ek het tog die gevoel gekry dat hy bly was om nie meer alleen daar te sit nie. Vir 'n rukkie het ons net so in stilte gesit. "Iets wat pla?" het ek die ongemaklike stilte verbreek, en hom vraend aangekyk. Hy het sy duime senuweeagtig oor mekaar gerol met sy vingers ineen gestrengel. Hy het woordeloos sy kop ontkennend geskud. Sy adamsappel het 'n rukbeweging gemaak, en iets soos 'n onderdrukte snik het uitgeglip. Hy was duidelik na aan trane. Toe ek hom direk aangekyk, het hy sy kop weggedraai en skor geantwoord: "Dankie luitenant, maar niks pla nie". 'n Traan het teen sy wang afgeloop. Hy het met die agterkant van sy hand sy neus afgevee. 'n Blink streep het op die rugkant agtergebly.

"Jammer", het ek onbeholpe gesê en opgestaan. "Elkeen van ons het soms net die behoefte om alleen te wees". Ek het my hand op Louis se skouer gesit en dit liggies gedruk. "En hier kom ek ongevraagd aan". Vanaf my hand op sy skouer het hy 'n baie sterk emosie na my oorgedra. Ek kon deur my hele wese en elke senuwee punt voel hoe die seer in hom na my uitreik. Ek het nie mooi geweet wat om verder te doen nie, en het toe maar begin wegstap. "Nee luitenant, bly asseblief", het hy skielik angstig gesê. Dit was nie 'n versoek nie, dit was 'n pleit. Ek het weer gaan sit. "Wil jy daaroor praat Louis", het ek gevra. Ek het my hand weer op sy skouer gesit. Vir 'n ruk lank het hy nie geantwoord nie, net heftig gestry om sy emosies onder beheer te kry. Geleidelik het die ruk in sy skouers bedaar en sy nekspiere het verslap. Hy het die trane van sy wange afgevee met die onderkant van sy nutria T-hemp. Toe het Louis begin vertel, eers hortent maar toe meer gelykmatig.

"Ek wou altyd net graag wees soos die ander, van kleintyd af. Ek wou diensplig doen in 'n gevegs korps, maar my ma wou niks daarvan weet nie. In my matriekjaar het ons omtrent net baklei. Ek wou in 'n gevegs eenheid dien, ek moes, maar sy wou dit nie verstaan nie. Of miskien het sy, want sy is 'n offisier in die Medics en het al verskeie casavacs van die grens af gesien kom. Sy het elke geval intens en persoonlik beleef. Elke keer was sy stukkend, saam met of namens die familie. 'Vernietigde jong lewens'", het sy dan uitgesnik. My pa was 'n soldaat, en my oupa. Ons Gerickes het nog altyd aan die front gedien".

Hy het onbewustelik sy skouers trots teruggedruk. "Daarom moes ek 'n front soldaat wees. Ek was maar net vier jaar oud toe my pa oorlede is. Van toe af was dit net ek en moeder. Ek was haar hele lewe, die spilpunt van haar bestaan. Ons was hegte maats. Sy het baie hard probeer om beide ma en pa te wees. Tot in my matriekjaar, toe ons twee, wat nooit 'n skewe woord teenoor mekaar geuiter het nie, elke dag baklei het. Ek wou grens toe kom, en sy het verbied, gedreig, gehuil en gekonkel. Dit was nie lekker maande nie. Toe het ons uiteindelik tot 'n vergelyk gekom. Ek sou my diensplig as 'n medic doen. Dit was nie wat ek wou gehad het nie maar ek het besef dat 'n klein oorwinning beter was as niks. Die bakleiery met die mens wat ek die liefste in my lewe gehad het, liewer as lief, het my diep seergemaak. In die laaste kwartaal van matriek was alles weer normaal. Al die lelike dinge wat ons vir mekaar gesê, het was iets van die verlede. Ek was uit my vel uit gelukkig toe my oproepinstruksies kom.

Ai luitenant, sy was so trots toe ek die eerste pas naweek voor die deur staan met my uniform. Sy is 'n kort mensie. Sy het haar arms om my lyf geslaan terwyl groot trane oor haar wange rol. Ek het haar opgetel en baie, baie styf teen my vasgedruk. Ek het so trots gevoel in my uniform, nie meer soos 'n seuntjie nie, maar 'n man, 'n soldaat - al was dit met 'n medic beret. Maar toe kom die tweede krisis. Ek was gekeur om die ops medic kursus by te woon. En daarna was daar die grens. Natuurlik het ek dit so stil as moontlik gehou, maar sy het daarvan te hore gekom, en toe was die gort gaar. Sy het alles probeer om my van die kursus af te kry. Gelukkig het die opleidingskool se bevelvoerder hom nie laat voorsê nie. Ek het op die kursus gebly, dit geslaag en is 1 SAI Bn toe verplaas. Sy het haar verlaas hoopvol gewend tot die eenheidsbevelvoerder.

Hy het my ingeroep. Ek het hom kortliks die verhaal vertel. Hy het terug gesit, my skeefweg aangekyk en gesê: 'Vir iemand wat so graag sy doel wil bereik, gaan ek nie nee sê nie. Jy gaan saam met die kompanie op'. Ek was ongelooflik maar treurig bly. Die oorwinning om grens toe te kon gaan het effens leeg gevoel, omdat dit moedertjie se hart verskeur het. Tydens die afskeid het sy sterk voorgekom, so asof sy aanvaar het dat sy my reeds aan die dood afgestaan het. Dit het dit net meer hartseer gemaak omdat ek so goed geweet het dat sy my van seerkry wou beskerm. Want sy het beter as enigiemand geweet hoe diep my ander seer gelê het, en waar dit vandaan kom. En nou is ek hier, soos ek dit wou hê. Nou skielik is die ander seer binne soms te groot om te dra".

Pa weet, ek het net skielik van sy ander seer verstaan - 'n dieper seer, 'n seer in sy diepste van menswees, wat niks met die army te doen gehad het nie. "Sou jy verkies om terug te gaan Republiek toe?", het ek gevra. "Nee", het hy byna beangs uitgeroep, "asseblief nie luitenant. Ek wil klaarmaak wat ek begin het al kos dit ook wat. Dit is net soms wat dit vir my voel ek wil weghardloop. Nie van die oorlog af nie, nee, ek kom uit 'n soldate huis uit. Ek weet van kleins af wat oorlog beteken. Die hardloop gevoel kom net as my skaduwee te taai raak. 'n Taai skaduwee wat oor die spore wat ek reeds getrap het strek, maar ook oor die spore wat ek nog gaan trap. En nie net strek nie, maar kleef. Luitenant het jy al probeer om van jou skaduwee af weg te hardloop" Hy het my direk en vraend aangekyk. "Natuurlik by wyse van spreke", het hy haastig bygevoeg, "netnou dink luitenant ek is van lotjie getik". Ek het nie sy vraag beantwoord nie. Dit is een van daai vrae wat nie antwoorde het nie. "Luitenant, ek mag my pa en oupa se nagedagtenis nie in die skande steek nie. Dit is my ma se grootste vrees, dat ek sal ingee en struikel onder my skaduwee".

Julle sal verstaan, maar toe die blos teen sy nek opstyg, het ek net geweet waarvan hy praat. Van die begin af, het hy soms effe verfynd opgetree. Byvoorbeeld was al sy briewe altyd versier met uitknipseljies en prentjies. En dan was daar soms tye wat 'n verfyndheid in sy gedrag opgeduik het, net baie vlietend, voor hy weer in beheer was. Ek het my nooit daaraan gesteur nie want Louis is 'n puik troep en mens. "Ek kan sien luitenant weet waarvan ek praat", het hy verleë opgemerk. Ek het net my kop instemmend geknik. Hy was nou baie rustiger, en beide van ons het geweet dat ons nie die gesprek wou voortsit nie. In elk geval nie op daardie tydstip nie.

Ek het net skielik die intense behoefte gehad om weg te kom van die gesprek af. Weg van die knop in my keel. Weg van sy seer af. En ek het ook ongemaklik gevoel oor ons twee alleen op 'n afgesonderde plek in die basis. Ek was skielik bang vir stigma en etikette. Maar ek het ook besef dat ek Louis groot skade sou aandoen deur my rug op hom te draai. Ek het net sy skouer 'n begripvolle druk gegee,en opgestaan om te loop. "Dankie dat jy dit met my gedeel het". Waarop hy geantwoord het:" "Dankie dat luitenant kon luister en verstaan".

Ek wou hom op een of ander wyse te laat verstaan dat sy geheim by my veilig was. Ook dat my dunk van hom geensins gedaal het nie. Ek het terug gedraai en Louis direk in die oë gekyk, waar hy nog op die muurtjie bly sit het. "Louis as jy 'n behoefte het om oor daai taai skadu-wee te gesels, ek sal luister". En toe haastig bygevoeg: " Natuurlik, net as jy wil. Ons het almal een of ander tyd nodig om met iemand te ge-sels. Wat iemand in vertroue met my deel, praat ek nie wyer oor nie."

Toe ek so wegstap en ek sien my eie skaduwee voor my uitstrek oor die Ovambolandsand, vasgeheg aan my voete, val dit my op dat skaduwee en lewe aanmekaar kleef. Mens kan net 'n skaduwee hê as jy leef. As jy nie bestaan nie, of onder die kluite lê, kan jy nie 'n skaduwee gooi nie. Elkeen het seker maar sy eie skaduwee. Ons leer om skaduwees wat kleef as lewe te aanvaar.

Liefdegroete

Seun
(1987).

Jy Mag Maar Voor Jou Ratel Huil

Hierdie artikel het in die dagblaaie Volksblad, Burger en Beeld verskyn na aanleiding van 'n onderhoud wat Willemien Brummer met my gevoer het. Ek dink dit som my volwasse lewe goed op.

''n Gelukkige masjien'

Nie almal het egter 'n verhaal met 'n netjiese begin, 'n middel en 'n einde nie. Dawid Lotter (56) is 'n voormalige kommandant in die Weermag wat vir 30 jaar lank stilgebly het. Verlede maand het hy die eerste keer sy storie aan By vertel.

"Almal wil altyd weet oor die operasies. Niemand anders het nog ooit gevra hoe ek voel nie," sê hy oor die telefoon vanuit Klerksdorp. In 1983, tydens Operasie Askari, het sy oorlog na binne begin. Hy was lid van die Staande Mag; op 27 reeds 'n kaptein en bevelvoerder van 'n vegspan. Van kleins af het hy oorlogsprentjies uit die Huisgenoot teen sy varsgeverfde muur geplak. Vandag wil hy teen wil en dank teruggaan oorlog toe. "Ek is 'n professionele soldaat, so as ek my uniform aantrek is ek 'n masjien, 'n gelukkige masjien. Ek vra nie vrae nie. Moet net nie van my verwag om mense se lewens sinneloos op die altaar te plaas nie."

Laat Desember 1983 loods sy veggroep 'n aanval op Fapla en die Kubaanse stellings in die Angolese dorpie Cuvelai. Saam met hom in die veggroep is 'n jong tweede luitenant, 'n mortieris met wie hy 'n nou band gehad het. Sy stem kraak aan die anderkant van die foon. "Hy was 'n besondere mens. In die kort tydjie wat ek hom leer ken het, het ek 'n baie hoë dunk van hom gekry." Hulle is afgedeel saam met 'n burgermaggroep, wat eerste ingegaan het met 12 Ratels. Lotter en sy groep het die agterhoede gedek. "Ons het kontak geslaan en onmiddellik was daar 'n totale warboel. Die burgermagtroepe het totaal paniekerig geraak en omgedraai en teruggejaag."

In die warboel het die jong offisier en sy Ratel weggeraak van Dawid.

"Die volgende oomblik kan ek sien 'n rondte vuur van 'n lugafweer-
kanon gaan deur sy toring, en ek kan net die sproei van bloed sien. Ek
kan dit nie bewys nie, maar in my gemoed is ek oortuig daarvan hy's
geskiet deur een van ons eie Ratels." Vir die res van sy loopbaan steek
sy kop by dié dag vas. "Ek kon net nie verlief neem met die wyse waa-
rop die mortierluitenant gesterf het nie."

Sy wêreld stort in duie. Tydens sy verlof by die huis voel hy vervreem
van sy familie en vriende. Kort daarna kry hy die eerste van verskeie
sinkopie-aanvalle (floutes) wat hom in 'n militêre hospitaal laat be-
land. In dié tydperke is hy verwyder van die werklikheid; al wat hy
weet is hy wil teruggaan na die slagveld. Die dokters doen toetse maar
kry niks verkeerd nie.

In 1987 word Dawid die bevelvoerder van veggroep Charlie tydens
Operasie Modulêr in Angola. Van middel September tot middel No-
vember gaan daar nooit 48 uur verby waartydens hy nie in groter of
kleiner vuurgevegte is nie. Dis 'n klinkende oorwinning en hy's siels-
gelukkig. "Tydens die sielkundige debrief gee ek die regte antwoorde
sodat daar geen suspisie is oor my werklike gemoedstoestand nie. Die
totale onderhoud was in elk geval so drie minute lank."

Sy kompanie wen dié jaar al 61 Meg se trofees, maar tydens sy verlof
loop die trane. Hy keer 'n week voor almal anders terug na 61 Meg se
basis op Omuthiya en sit stoksielalleen in 'n verlate basis. "Ek gaan aan
die suip, wat moet ek nou doen? Die troepe wat die basis oppas is nie
my troepe nie, hulle het hul eie luitenant. Niemand het vir my gesê ek
is nie meer 'n kompaniebevelvoerder nie. Dit was die treurigste tyd in
my ganse lewe.

"Ek het 'n lieflike hut gehad met 'n yskas en TV, maar ek het net een-
voudig elke aand in 'n ander tent geslaap wat tevore aan my troepe
behoort het. Dit het vir my gevoel soos 'n klein bietjie nabyheid aan
daardie troepe. Ek het gesoebat om terug te gaan oorlog toe." In Mei
daardie jaar kry hy sy kompanie terug, maar skaars twee weke later
word hy sonder rede en met onmiddellike effek oorgeplaas Walvisbaai
toe. Hy weier en dink hoe kan hy sy lewe beëindig.

Dié jaar word hy twee keer in 1 Militêre hospitaal opgeneem ná alles vir die hoeveelste keer voor hom swart word. Oor Kersfees word die psigiatriese saal oopgehou word ter wille van hom. "Ek kry my kos en sien buiten daardie tye niemand. Geen dokter of senior verpleegster doen die moeite om in te loer nie, want hulle dink ek het iepekonders." Sy stem is skor. "Dit was vir my traumaties, want ek weet ek sit nie aan nie. Hoekom sou ek in elk geval omkap as die oorlog verby is? Ek het niks om te bewys nie. Die hartseerste is die matrone wat my kom besoek en my 'n klomp woorde gee oor my selfsug, want ek ontneem mense die reg om te wees saam met hul families. Op daai stadium het ek die stelsel regtig begin haat met 'n passie."

Terug by die leërkollege, waarheen hy intussen verplaas is, neem hy sy ontvlugting in slaappille en alkohol. Hy koop twee woonstelle in Sunnyside sonder dat hy presies kan onthou hoekom of hoe. In 1990 bedank Dawid uit die weermag ná hy vir die hoeveelste keer in die hospitaal beland. "Dit voel asof jy net 'n fuse blaas. Ek weet nie wat het hulle gedink nie, maar daar gebeur niks. Geen berading nie, niks.

"Dit voel vir my ek pas nêrens in nie. My familie verstaan my nie, my kollegas verstaan my nie, die weermag verstaan my nie, ek verstaan myself nie." 'Iets bly haper' Die afgelope 23 jaar spring hy van die een werk na die ander, want hy kan die roetine van die "normale lewe" nie hanteer nie. Hy werk as sekerheidsbestuurder, assuransie-agent en selfs as huursoldaat by Executive Outcomes. Hy hou die pot aan die kook met Burgermagkampe. "Ek haat die weermag met 'n passie, maar ek wil met alle mag teruggaan weermag toe."

In Nigerië doen hy lonende sekerheidswerk. Hier sien hy hoe 'n af-leweringsvoertuig beheer verloor en 'n Land Rover teen 'n rotswand vasdruk. "Die hele spul ontplof in 'n groot vlammesee. Alles kom skielik na my terug. Elke keer wanneer iets traumaties gebeur, ruk dit my terug na die mortierluitenant, na Askari." Eers in 2008, toe hy sy meestersgraad in beroepsgesondheid en veiligheid voltooi het, begin sy toestand vir hom sin maak. Hy behaal 'n doktorsgraad en begin sy eie praktyk as lewensafrigter op Klerksdorp. Hy aarsel. "Die ding met life coaching is elke keer as iemand sy hart oopmaak en ek sien raakpunte met myne, kry ek terugflitse."

Op sy rekenaar het hy byna 'n duisend artikels oor post-traumatiese stres. Hy is nie formeel gediagnoseer nie want sedert sy weermagdae wantrou hy sielkundiges. "Ek het die afgelope vyftien jaar nog nooit weer 'n blackout gekry nie, maar iets bly happer. Dit maak nie meer vir my saak wat die jong meisietjie wat sopas haar graad gekry het vir my gaan sê nie. Ek weet ek gaan nie vir haar luister nie, en ek weet ek gaan nie my hart vir haar oopmaak nie. "Hy't homself ontleed volgens die kriteria vir PTSS in die DSM-IV en voldoen aan die vereistes. Dit beteken egter vir hom niks, sê hy, want hy voel steeds dood van binne.

Tog stort hy ure van sy tyd in 61 Meg se webtuiste en Facebook-blad in om ander te help wat ook ly aan PTSS. Dawid bly stil aan die anderkant van die lyn. "Dit wat ek vir jou vertel is nie een aks gedramatiseer nie. Dis presies hoe dit gebeur het, en dis waarskynlik hoekom ek tot vandag toe 'n alleenmens is. Ek wil nie eens 'n hond hê nie, want honde gaan dood en dis te seer."

http://www.netwerk24.com/ontspan/2013-06-07-jy-mag-maar-voor-jou-ratel-huil

Epiloog

In Flanders Fields

In Flanders fields the poppies blow
Between the crosses, row on row,
That mark our place; and in the sky
The larks, still bravely singing, fly
Scarce heard amid the guns below.
We are the Dead. Short days ago
We lived, felt dawn, saw sunset glow,
Loved and were loved, and now we lie
In Flanders fields.

Take up our quarrel with the foe:
To you from failing hands we throw
The torch; be yours to hold it high.
If ye break faith with us who die
We shall not sleep, though poppies grow
In Flanders fields.

John McCrae, May 1915